Impressum
Verlag: BABADADA GmbH, Nedderfeld 112 , 22529 Hamburg
Geschäftsführer / Verlagsleitung: Harald Hof
Druck: Books on Demand GmbH, In de Tarpen 42, 22848 Norderstedt

Imprint
Publisher: BABADADA GmbH, Nedderfeld 112 , 22529 Hamburg, Germany
Managing Director / Publishing direction: Harald Hof
Print: Books on Demand GmbH, In de Tarpen 42, 22848 Norderstedt

l'école
ትምህርት ቤት

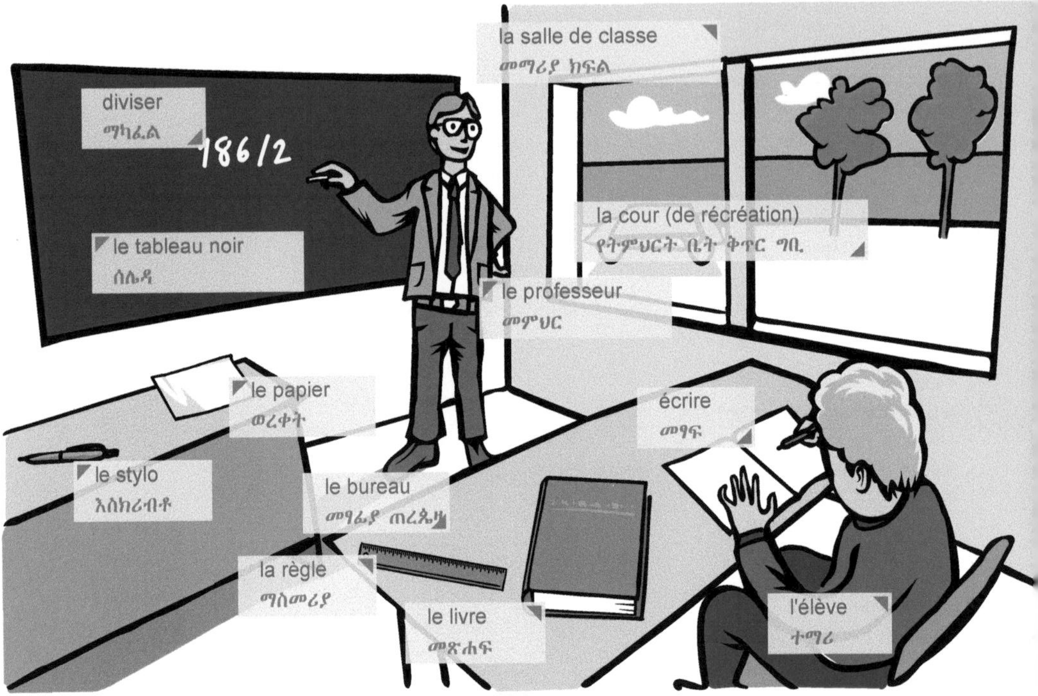
la salle de classe
መማሪያ ክፍል
diviser
ማካፈል
186/2
le tableau noir
ሰሌዳ
la cour (de récréation)
የትምህርት ቤት ቅጥር ግቢ
le professeur
መምህር
le papier
ወረቀት
écrire
መፃፍ
le stylo
እስክሪብቶ
le bureau
መፃፊያ ጠረጴዛ
la règle
ማስመሪያ
le livre
መጽሐፍ
l'élève
ተማሪ

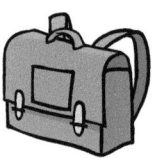

le cartable

የጀርባ ቦርሳ

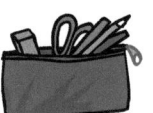

la trousse

የእርሳስ መያዣ

le crayon

እርሳስ

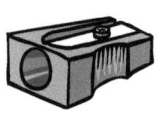

le taille-crayon

የእርሳስ መቅረጫ

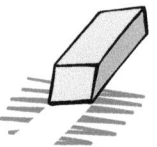

la gomme

ላጲስ

le carnet à dessin

የስዕል ደብተር

le dessin

ስዕል

le pinceau

የቀለም ብሩሽ

la boîte de peinture

የቀለም ሳጥን

les ciseaux

መቀስ

la colle

ማጣበቂያ

le cahier d'exercices

መልመጃ ደብተር

les devoirs

የቤት ስራ

le chiffre

ቁጥር

additionner

መደመር

soustraire

መቀነስ

multiplier

ማባዛት

calculer

ቁጥሮችን ማስላት

la lettre

ደብዳቤ

l'alphabet

ፊደላት

le mot

ቃል

le texte

ፅሑፍ

lire

ማንበብ

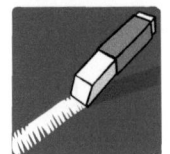

la craie

ጠመኔ

la leçon

ትምህርት

le livre de classe

ምዝገባ

l'examen

ፈተና

le certificat

ሰርተፊኬት

l'uniforme scolaire

የትምህርት ቤት የደንብ ልብስ

la formation

ትምህርት

le lexique

አዉደ ጥበብ

l'université

ዩኒቨርስቲ

le microscope

የምርምር አጉሊ መሳርያ

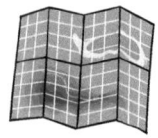

la carte

ካርታ

la corbeille à papier

የቆሻሻ ወረቀት መጣያ ቅርጫት

le voyage

ጉዞ

Grand
l'hôtel
ሆቴል
l'auberge
ማረፊያ ቤት
ROOMS
CHANGE
le bureau de change
የውጭ ገንዘብ ምንዛሪ ቢሮ
la valise
ልብስ መያዣ
ሻንጣ
la voiture
መኪና

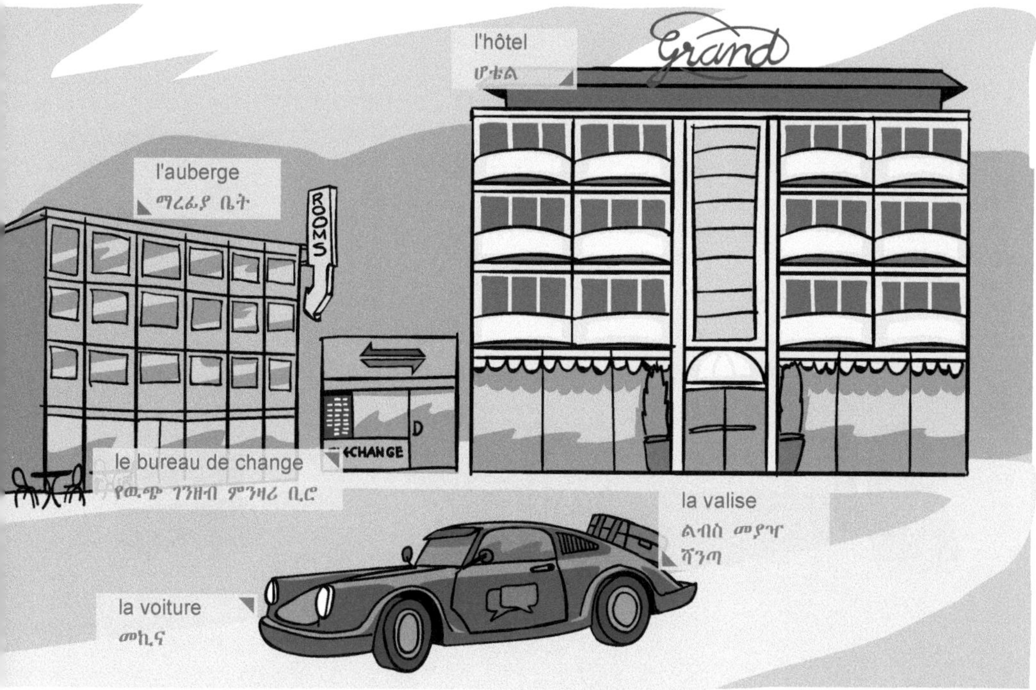

la langue

ቋንቋ

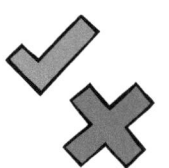

oui / non

አዎ/ አይደለም

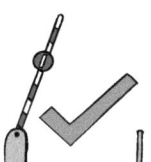

d'accord

እሺ

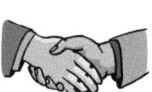

Salut

ሰላም

l'interprète

አስተርጓሚ

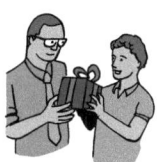

merci

አመሰግናለሁ

Combien coûte...?

ስንት ነዉ.......?

Je ne comprends pas

አልገባኝም

le problème

እክል

Bonsoir !

እንደምን አመሹ!

Bonjour !

እንደምን አደሩ!

Bonne nuit !

መልካም ምሽት!

Au revoir

ደህና ይሰንብቱ

la direction

አቅጣጫ

les bagages

ሻንጣ

le sac

ቦርሳ

le sac-à-dos

የጀርባ ቦርሳ

l'hôte

እንግዳ

la pièce

ክፍል

le sac de couchage

የመተኛ ቦርሳ

la tente

ድንኳን

l'office de tourisme

የጎብኚዎች መረጃ

la plage

የባህር ዳርቻ

la carte de crédit

ክሬዲት ካርድ

le petit-déjeuner

ቁርስ

le déjeuner

ምሳ

le dîner

እራት

le billet

ቲኬት

l'ascenseur

አሳንስር

le timbre

ማህተም

la frontière

ድንበር

la douane

ባህሎች

l'ambassade

ኤምባሲ

le visa

ቪዛ/የይለፍ ወረቀት

le passeport

ፓስፖርት

le transport

መጓጓዣ

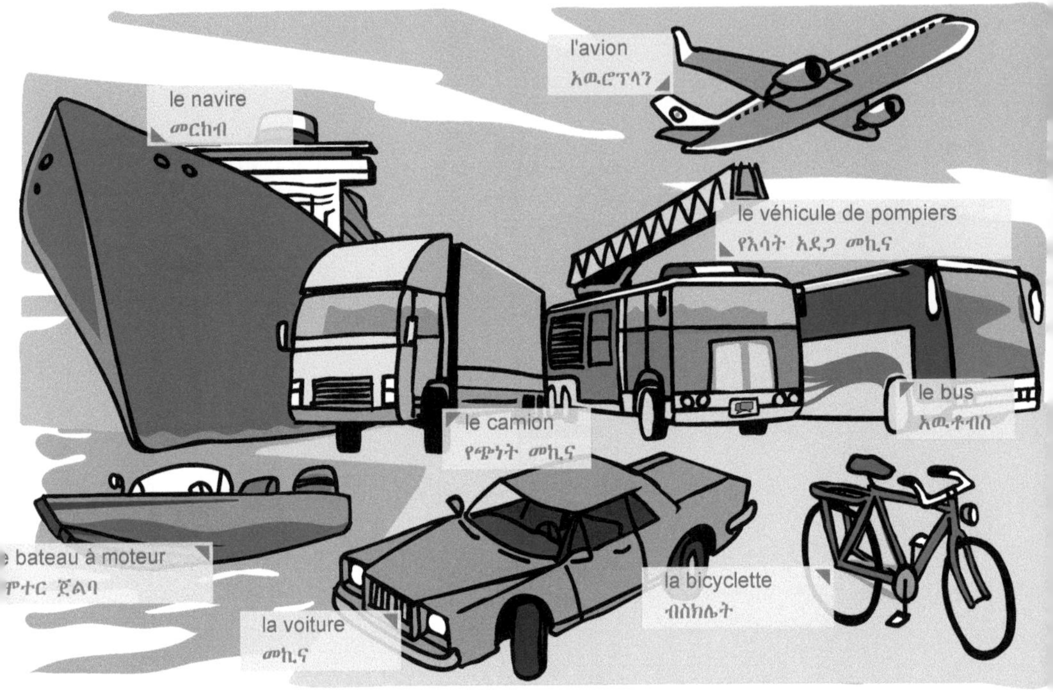
l'avion
አዉሮፕላን
le navire
መርከብ
le véhicule de pompiers
የእሳት አደጋ መኪና
le bus
አዉቶብስ
le camion
የጭነት መኪና
bateau à moteur
ሞተር ጀልባ
la bicyclette
ብስክሌት
la voiture
መኪና

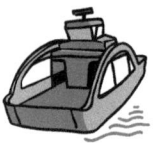

le ferry

የማመላለሻ ጀልባ

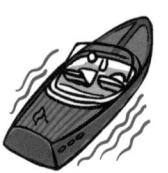

la barque

ጀልባ

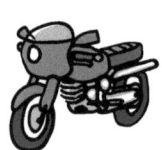

la moto

የሞተር ብስክሌት

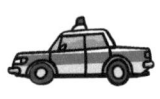

la voiture de police

የፖሊስ መኪና

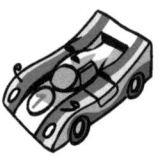

la voiture de course

የዉድድር መኪና

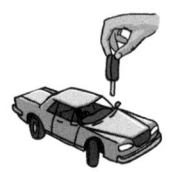

la voiture de location

የኪራይ መኪና

l'auto-partage

የመኪና መጋራት

la voiture de remorquage

ጎታች መኪና

la benne à ordures

የቆሻሻ ጭነት መኪና

le moteur

ሞተር

l'essence

ነዳጅ

la station d'essence

የቤንዚን ማደያ

le panneau indicateur

የመንገድ ምልክት

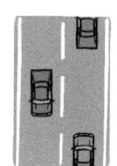

le trafic

የመኪኖች እንቅስቃሴ

l'embouteillage

የመኪና መጨናነቅ

le parking

የመኪና ማቆሚያ

la gare

የባቡር ጣቢያ

les rails

የባቡር ሀዲዶች

le train

ባቡር

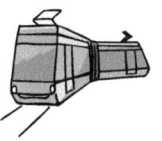

le tramway

የኤሌክትሪክ ባቡር

le wagon

ሰረገላ

l'hélicoptère

ሄሊኮፕተር

l'aéroport

አየር ማረፊያ

la tour

ማማ

le passager

መንገደኛ

le conteneur

ማስቀመጫ፤ ማጠራቀሚያ

le carton

ካርቶን እቃ ማሸጊያ

le chariot

ጋሪ፤ ተሳቢ

la corbeille

ርጫት

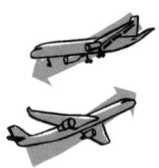

décoller / atterrir

መነሳት/ ማረፍ

la ville

ከተማ

le village

መንደር

le centre-ville

የከተማ ማዕከል

la maison

ቤት

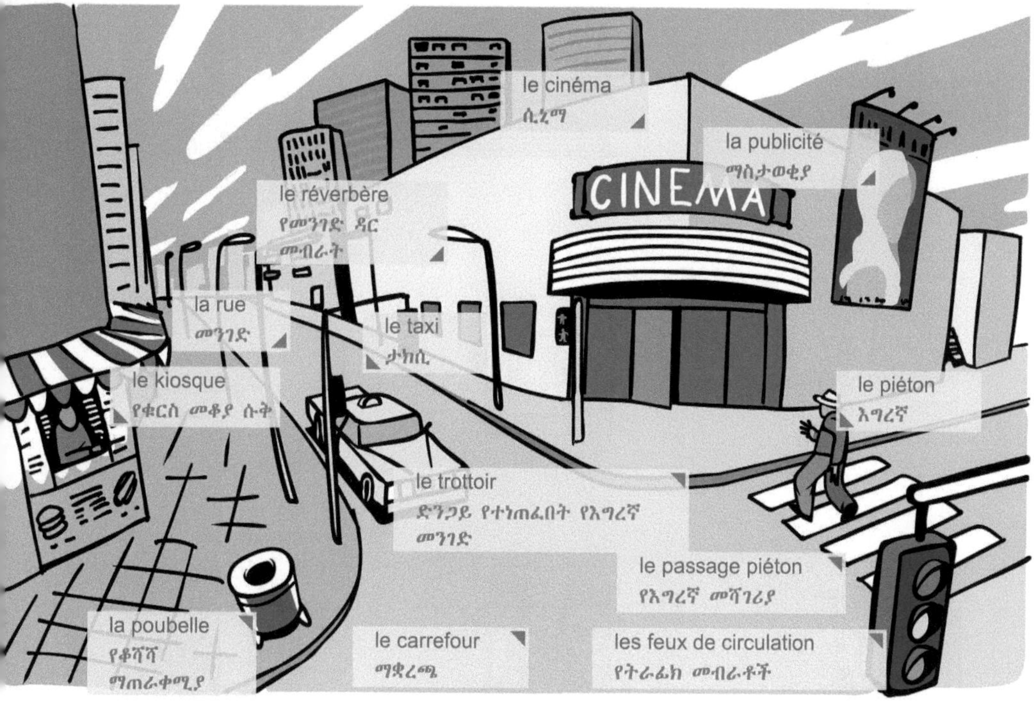

le cinéma
ሲኒማ

la publicité
ማስታወቂያ

le réverbère
የመንገድ ዳር
መብራት

la rue
መንገድ

le taxi
ታክሲ

le kiosque
የቁርስ መቆያ ሱቅ

le piéton
እግረኛ

le trottoir
ድንጋይ የተነጠፈበት የእግረኛ
መንገድ

le passage piéton
የእግረኛ መሻገሪያ

la poubelle
የቆሻሻ
ማጠራቀሚያ

le carrefour
ማቋረጫ

les feux de circulation
የትራፊክ መብራቶች

CINEMA

la cabane
....
ጎጆ

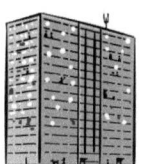

l'appartement
....
አፓርታማ

la gare
....
የባቡር ጣቢያ

la mairie
....
የከተማ አዳራሽ

le musée
....
ቤት መዘክር

l'école
....
ትምህርት ቤት

l'université

ዩኒቨርስቲ

la banque

ባንክ

l'hôpital

ሆስፒታል

l'hôtel

ሆቴል

la pharmacie

መድሐኒት ቤት

le bureau

ቢሮ

la librairie

መፅሐፍ መሸጫ

le magasin

ሱቅ

le fleuriste

የአበባ መሸጫ

le supermarché

የሸቀጣ ሸቀጥ መደብር

le marché

ገበያ ስፍራ

le grand magasin

መደብር

la poissonnerie

የዓሳ ነጋዴ

le centre commercial

የገበያ ማዕከል

le port

ወደብ

la ville - ከተማ

le parc

መናፈሻ ቦታ

la banque

አግዳሚ ወንበር

le pont

ድልድይ

les escaliers

ደረጃዎች

le métro

ዉስጥ ለዉስጥ

le tunnel

ዋሻ

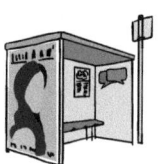

l'arrêt de bus

የአዉቶቡስ ፌርማታ

le bar

ባር

le restaurant

ምግብ ቤት

la boîte à lettres

የፖስታ ሳጥን

le panneau indicateur

የመንገድ ምልክት

le parcmètre

የመኪና ማቆሚያ ሒሳብ የሚያሰላ
ማሽን

le zoo

የደር እንስሳት ማቆያ

le réverbère

የመዋኛ ገንዳ

la mosquée

መስጊድ

la ferme
እርሻ

la pollution
የሚበክል ነገር

la cimetière
መቃብር ስፍራ

l'église
ቤተ ክርስቲያን

l'aire de jeux
መጫወቻ ሜዳ

le temple
ቤተ መቅደስ

le paysage
መልከዓምድር

la feuille
ቅጠል

le panneau indicateur
የመንገድ ላይ ምልክት

le chemin
መንገድ

le pré
አረንጓዴ መስክ

la pierre
ድንጋይ

l'arbre
ዛፍ

le randonneur
በእግሩ የሚጓዝ

la rivière
ወንዝ

l'herbe
ሳር

la fleur
አበባ

la vallée

ሸለቆ

la montagne

ኮረብታ

le lac

ሀይቅ

la forêt

ጫካ

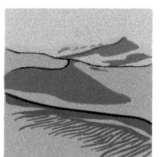

le désert

በረሃ

le volcan

እሳተ ገሞራ

le château

ግምብ

l'arc-en-ciel

ቀስተ ደመና

le champignon

እንጉዳይ

le palmier

የቴምብር ዛፍ/ ዘንባባ

le moustique

ቢንቢ/ የወባ ትንኝ

la mouche

በራሪ

les fourmis

ጉንዳን

l'abeille

ንብ

l'araignée

ሸረሪት

le coléoptère

ጢንዚዛ

la grenouille

እንቁራሪት

l'écureuil

ሽኮኮ

le hérisson

ጃርት

le lièvre

ጥንቸል

la chouette

ጉጉት ወፍ

l'oiseau

ወፍ

le cygne

የዉሃ ዳክዬ

le sanglier

ከርከሮ

le cerf

አጋዘን

l'élan

አጋዘን

le barrage

ግድብ

l'éolienne

በነፋስ የሚሽከረከር

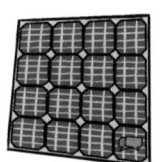

le panneau solaire

የፀሀይ ፓኔሎ

le climat

አየር ንብረት

le restaurant

ምግብ ቤት

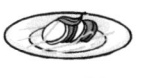

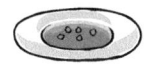

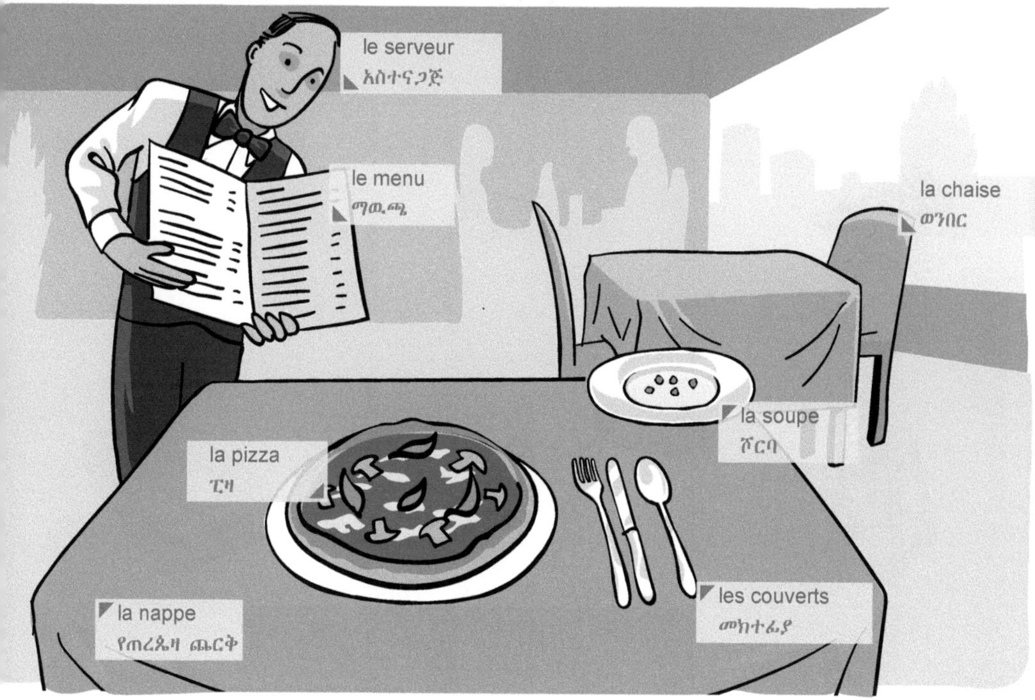
le serveur
አስተናጋጅ
le menu
ማዉጫ
la chaise
ወንበር
la soupe
ሾርባ
la pizza
ፒዛ
la nappe
የጠረጴዛ ጨርቅ
les couverts
መክተፊያ

les hors d'œuvre

የምግብ ፍላጎትን የሚከፍት ምግብ

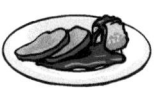

le plat principal

ዋና ምግብ

le dessert

ማጣጣሚያ ተከታይ ምግብ

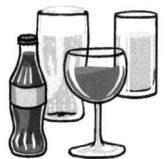

les boissons

መጠጦች

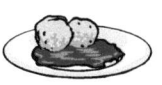

l'alimentation

ምግብ

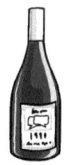

la bouteille

ጠርሙስ

le fast-food
....
ፈጣን ምግብ

les plats à emporter
....
የመንገድ ምግብ

la théière
....
የሻይ ማንቆርቆሪያ

le sucrier
....
የስኳር እቃ

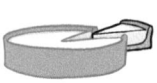

la portion
....
ድርሻ

la machine à expresso
....
የቡና ማፊያ ማሽን

la chaise haute
....
ባለጌ ወንበር

la facture
....
የክፍያ ደረሰኝ

le plateau
....
ትሪ

le couteau
....
ቢላዋ

la fourchette
....
ሹካ

la cuillère
....
ማንኪያ

la cuillère à thé
....
የሻይ ማንኪያ

la serviette
....
ልብስ ምግብ እንዳይነካ የሚረዳ
ጨርቅ

le verre
....
ብርጭቆ

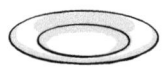

l'assiette

ዝርግ ሰሃን

l'assiette à soupe

የሾርባ ጎድጓዳ ሰሃን

la soucoupe

የስኒ ማስቀመጫ

la sauce

ማጣፈጫ ስጎ

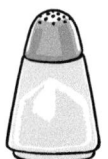

la salière

የጨዉ እቃ

le moulin à poivre

የተፈጨ ቃሪያ

le vinaigre

ኮምጣጤ

l'huile

የምግብ ዘይት

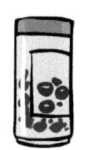

les épices

ቀመማ ቅመሞች

le ketchup

የቲማቲም ድልህ

la moutarde

ሰናፍጭ

la mayonnaise

ማዮኒዝ

le supermarché

የሸቀጣ ሸቀጥ መደብር

l'offre promotionnelle
ልዩ አቅራቦት
FOR
le client
ደምበኛ
les produits laitiers
የወተት ተዋፅዖ
les fruits
ፍራፍሬ
le chariot
ባለ ጎማ የእጅ ጋሪ

BUTCHERS

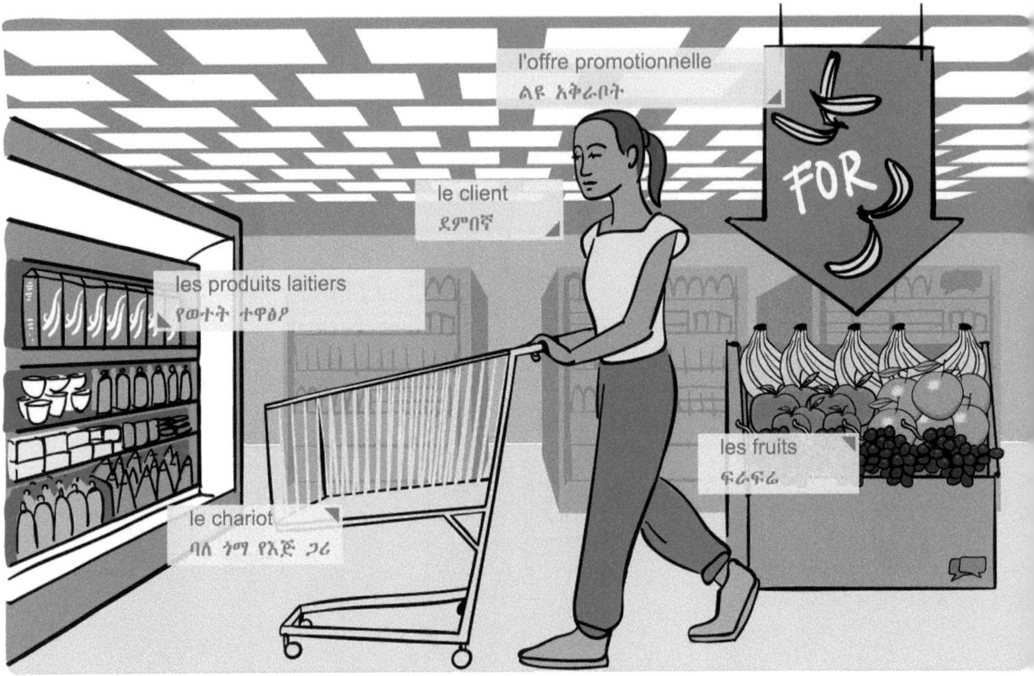

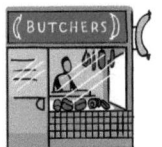

la boucherie

ሉካንዳ ነጋዴ

BAKERY

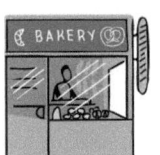

la boulangerie

መጋገርያ

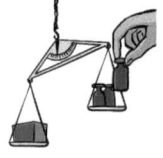

peser

ክብደት መመዘን

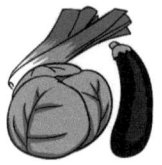

les légumes

ቅጠላ ቅጠል አትክልት

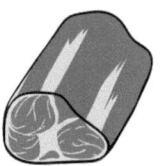

la viande

ስጋ

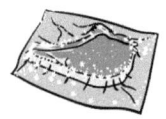

les aliments surgelés

የቀዘቀዘ/የረጋ ምግብ

la charcuterie

ዝቃዛ ቄራጭ

les conserves

ታሽገ ምግብ

la poudre à lessive

ጠቢያ ዱቄት

les bonbons

ጣፋጮች

les articles ménagers

ቤት ዉስጥ ዉጤቶች

les détergents

ፅዳት ምርቶች

la vendeuse

ሽያጭ ባለሙያ

la caisse

ገንዘብ መመዝበቢያ   ሽን

le caissier

ሒሳብ ሰራተኛ

la liste d'achats

ግዢ ዝርዝር

les heures d'ouverture

ክፍት ሰዓታት

le portefeuille

ስ ቦርሳ

la carte de crédit

ክሬዲት ካርድ

le sac

ቦርሳ

le sac en plastique

ፕላስቲክ ቦርሳ

l'eau

ውሃ

le jus de fruit

ፍጁማቂ

le lait

ወተት

le coca

ኮካ-ኮላ

le vin

ወይን

la bière

ቢራ

l'alcool

አልኮል

le chocolat chaud

ኮካ

le thé

ሻይ

le café

ቡና

l'expresso

የተፈላ ቡና

le cappuccino

ካፑቺኖ

la banane

መሙዝ

la pomme

ፖም

l'orange

ብርቱካን

le melon

ሀብሀብ

le citron.

ሎሚ

la carotte

ካሮት

l'ail

ነጭ ሽንኩርት

le bambou

ሽምበቆ

l'oignon

ቀይ ሽንኩርት

le champignon

እንጉዳይ

les noisettes

ለዉዝ

les pâtes

የህፃናት ምግብ

les spaghetti

ፓስታ

le riz

ሩዝ

la salade

ሰላጣ

les pommes frites

የድንች ጥብስ

les pommes de terre rôties

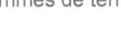

ድንች ጥብስ

la pizza

ፒዛ

le hamburger

ዳቦ ዉስጥ በስሱ ተጠብሶ የገባ
ስጋ

le sandwich

ንድዊች

l'escalope

ጥሬ ስጋ

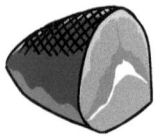

le jambon

የአ ማ ስጋ

le salami

በቅመምና በጨዉ የታሸ ምግብ
ቀዝቅዞ የሚበላ ሾርባ ምግብ

la saucisse

ቋሊማ

le poulet

ዶሮ

le rôti

ጥብስ

le poisson

አ

les flocons d'avoine

የአጃ ገንፎ

le muesli

ከወተት ጋር ተደባልቀዉ የሚበሉ ምግቦች

les cornflakes

የበቆሎ ቅርፊት

la farine

ዱቄት

le croissant

ኩራሳ

les petits-pains

ድብልብል ዳቦ

le pain

ዳቦ

le pain grillé

መጥበስ

les biscuits

ብስኩት

le beurre

ቅቤ

le fromage blanc

እርጎ

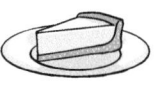

le gâteau

ኬክ

l'œuf

እንቁላል

l'œuf au plat

እንቁላል ጥብስ

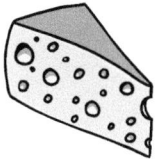

le fromage

አይብ

la glace

የበረዶ ክሬም

le sucre

ስኳር

le miel

ማር

la confiture

ማርማላት

la crème nougat

የተናጠ የወተት ክሬም

le curry

ማጣፈጫ

la ferme

እርሻ

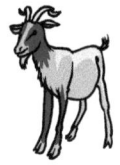

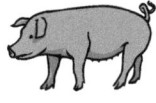

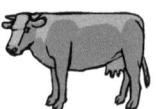

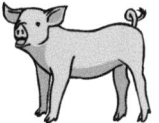

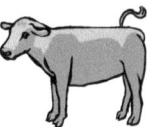

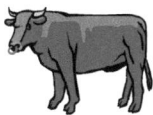

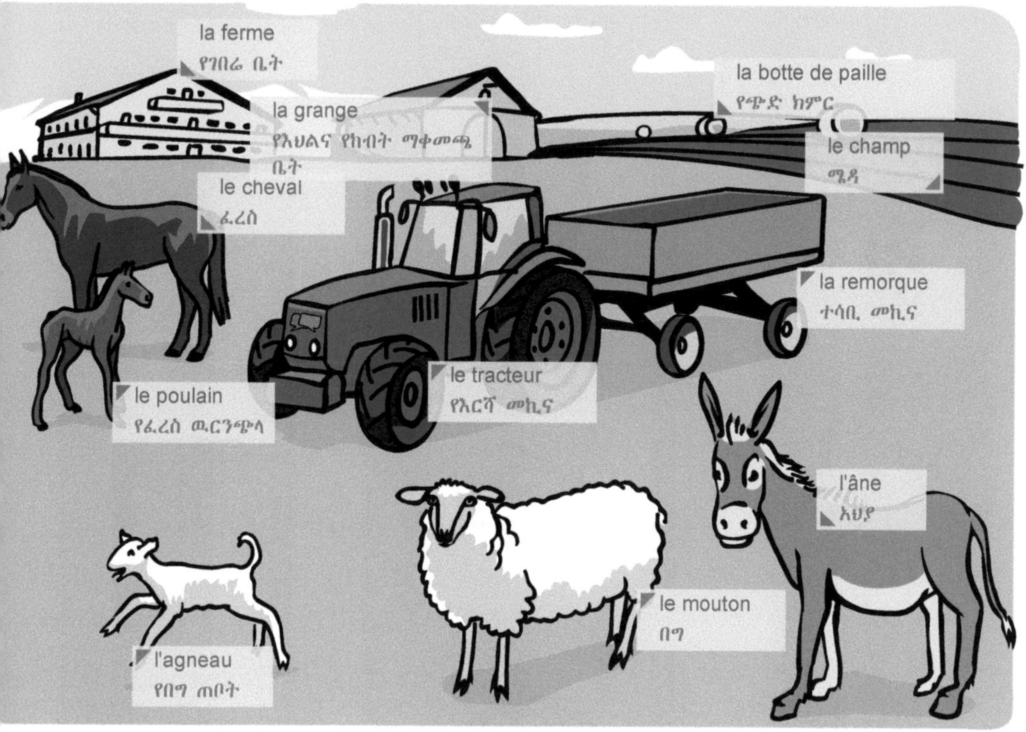

la ferme
የገበሬ ቤት
la grange
የእህልና የከብት ማቆመጫ ቤት
la botte de paille
የጭድ ክምር
le champ
ሜዳ
le cheval
ፈረስ
la remorque
ተሳቢ መኪና
le tracteur
የእርሻ መኪና
le poulain
የፈረስ ውርንጭላ
l'âne
አህያ
le mouton
በግ
l'agneau
የበግ ጠቦት

la chèvre

ፍየል

la vache

ላም

le veau

ጥጃ

le porc

አሳማ

le porcelet

ግልገል አሳማ

le taureau

ኮርማ

l'oie

ዝይ

le canard

ከዮ

le poussin

የዶሮ ጫጩት

la poule

ዶር

le coq

አዉራ ዶሮ

le rat

አይጥ

le chat

ደድመት

la souris

አይጥ

le bœuf

ሬ

le chien

ዉሻ

le chenil

የዉሻ ቤት

le tuyau de jardin

የአትክ ት በታ

l'arrosoir

ዉሃ ማጠጫ ባ ዲ

la faucheuse

ረጅም ማጭድ

la charrue

ማረሻ

la faucille

ማጭድ

la pioche

መኮትኮቻ

la fourche

የእህል መንሽ

la hache

መጥረቢያ

la brouette

ኩርኩር/ የእጅ ጋሪ

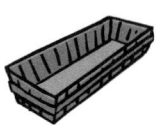

la cuve

ገንዳ

le pot à lait

የወተት ዕቃ

le sac

ጆንያ ከረጢት

la clôture

አጥር

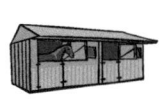

l'étable

የፈረስ ጋጣ

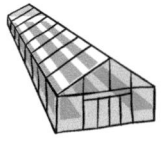

le serre

ዕፅዋት ማሳደጊያ የመስታዉት
ቤት

le sol

አፈር

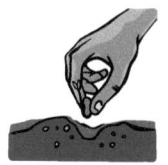

les semences

ዘር

l'engrais

የመሬት ማዳበሪያ

la moissonneuse-batteuse

ጥምር ማረሻ

récolter

አዝመራ መሰብሰብ

la récolte

አዝመራ

l'igname

ድንች

le blé

ስንዴ

le soja

ሶያ

la pomme de terre

ድንች

le maïs

በቆሎ

le colza

የከብት መኖ

l'arbre fruitier

የፍሬ ዛፍ

le manioc

የካሳሽ ዛፍ

les céréales

እህል

la maison

ቤት

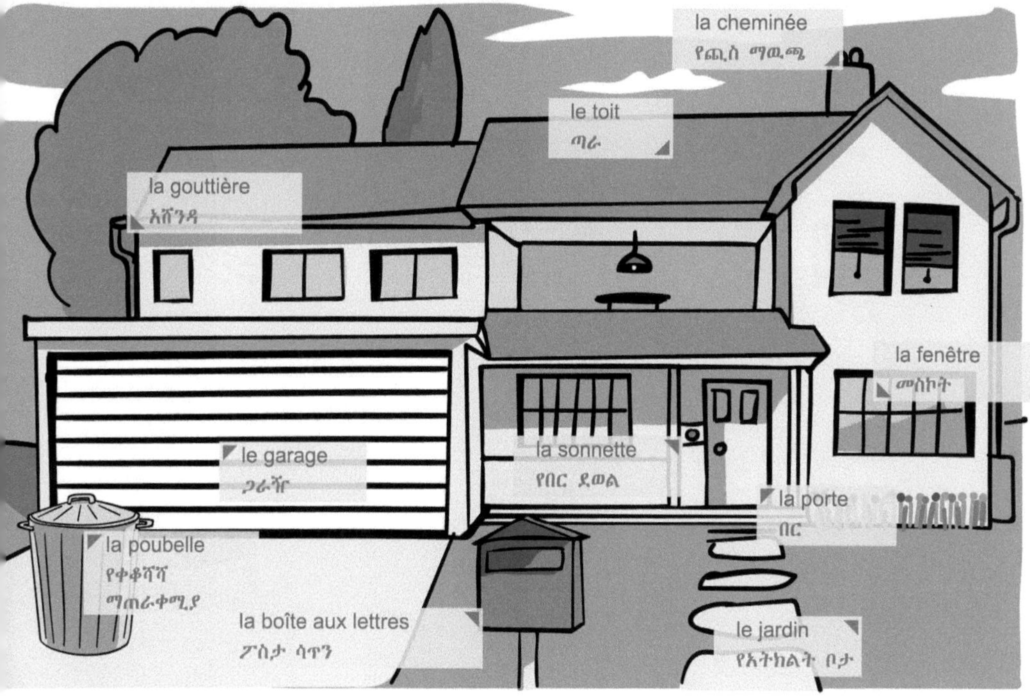

la cheminée
የጪስ ማዉጫ
le toit
ጣራ
la gouttière
አሸንዳ
la fenêtre
መስኮት
le garage
ጋራዥ
la sonnette
የበር ደወል
la porte
በር
la poubelle
የቆቆሻሻ
ማጠራቀሚያ
la boîte aux lettres
ፖስታ ሳጥን
le jardin
የአትክልት ቦታ

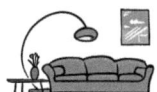

le salon

ሳሎን

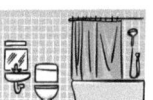

la salle de bain

መታጠቢያ ቤት

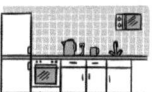

la cuisine

ማድቤት

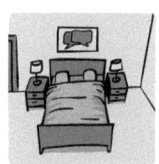

la chambre à coucher

መኝታ ቤት

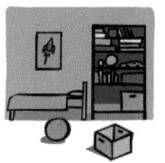

la chambre d'enfant

የልጅ ክፍል

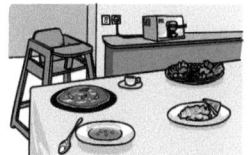

la salle à manger

መመገቢያ ክፍል

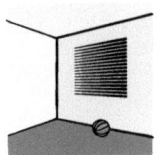

le sol

ወለል

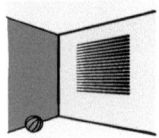

le mur

ግድግዳ

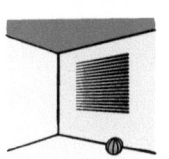

le plafond

ጣሪያ

la cave

ምድር ቤት

le sauna

በእንፋሎት ሙቀት መታጠቢያ ቤት

le balcon

ሰገነት

la terrasse

ከፍ ያለ መደብ

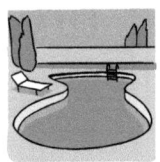

la piscine

የመዋኛ ገንዳ

la tondeuse à gazon

የማጨጃ መኪና

la housse

አንሶላ

la couette

የአልጋ ልብስ

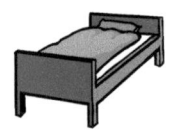

le lit

አልጋ

le balai

መጥረጊያ

le sceau

ባልዲ

l'interrupteur

ማብሪያና ማጥፊያ

le salon

ሳሎን

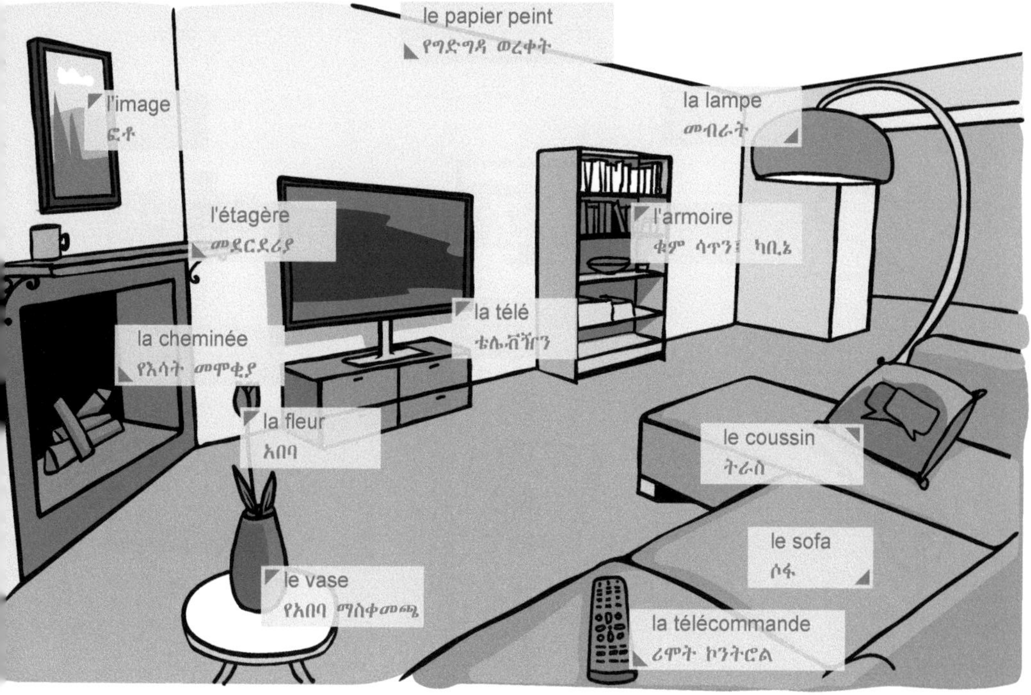
le papier peint
የግድግዳ ወረቀት
l'image
ፎቶ
la lampe
መብራት
l'étagère
መደርደሪያ
l'armoire
ቁም ሳጥን፤ ካቢኔ
la télé
ቴሌቭዥን
la cheminée
የእሳት መሞቂያ
la fleur
አበባ
le coussin
ትራስ
le sofa
ሶፋ
le vase
የአበባ ማስቀመጫ
la télécommande
ሪሞት ኮንትሮል

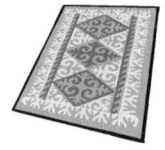

le tapis

ንጣፍ

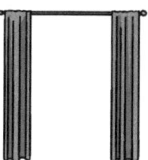

le rideau

መጋረጃ

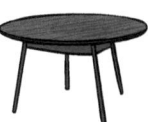

la table

ጠረጴዛ

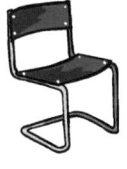

la chaise

ወንበር

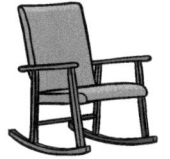

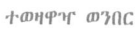

la chaise à bascule

ተወዛዋዥ ወንበር

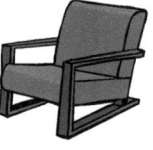

le fauteuil

ባለመደገፊያ ወንበር

le livre

መጽሐፍ

la couverture

ብርድ ልብስ

la décoration

ጌጥ

le bois de chauffage

ማገዶ

le film

ፊልም

la chaîne hi-fi

የሙዚቃ መማጫወቻ

la clé

ቁልፍ

le journal

ጋዜጣ

la peinture

ስዕል

le poster

የተለጠፈ ማስታወቂያ እንደ ስዕል

la radio

ራዲዮ

le bloc-notes

ማስታወሻ ደብተር

l'aspirateur

የአየር ማዕጀ ለምንጣፍ

le cactus

ቁልቁል

la bougie

ሻማ

la cuisine

ማድቤት

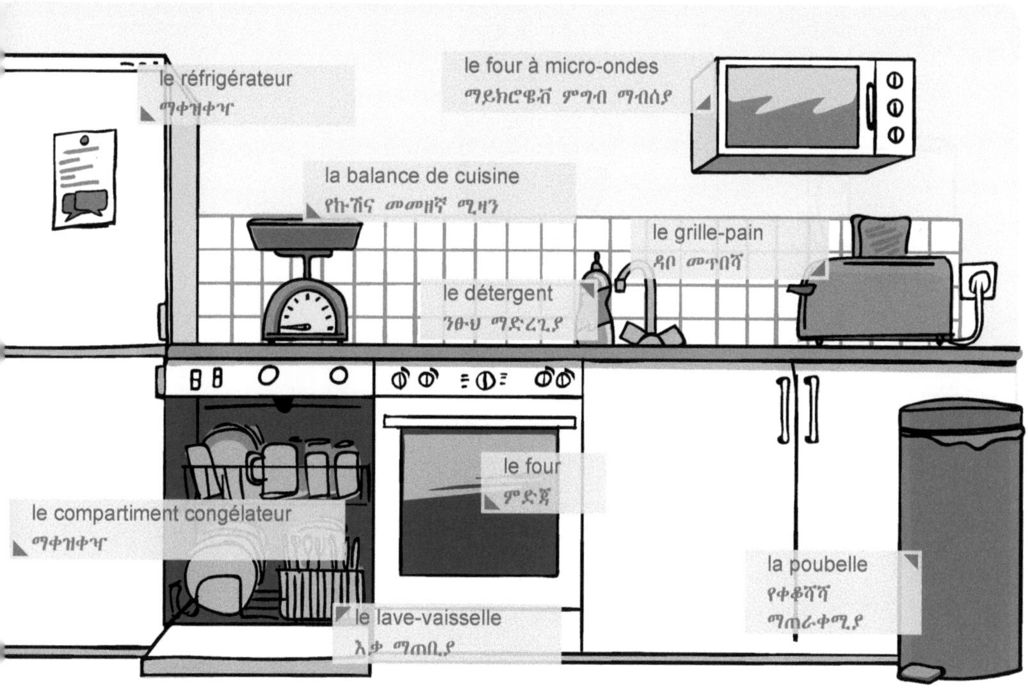

le réfrigérateur
ማቀዝቀዣ
le four à micro-ondes
ማይክሮዌቭ ምግብ ማብሰያ
la balance de cuisine
የኩሽና መመዘኛ ሚዛን
le grille-pain
ዳቦ መጥበሻ
le détergent
ንፁህ ማድረጊያ
le four
ምድጃ
le compartiment congélateur
ማቀዝቀዣ
la poubelle
የቀቆሻሻ
ማጠራቀሚያ
le lave-vaisselle
እቃ ማጠቢያ

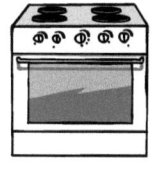

le four

ምግብ አብሳይ

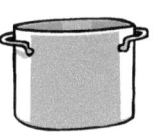

la casserole

ማሰሮ

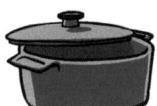

la marmite

የብረት ማሰሮ

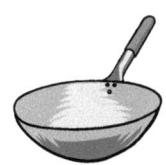

le wok / kadai

ምግብ ማብሰያ ዝርግ ድስት

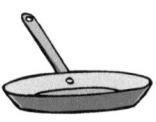

la poêle

የምግብ መጥበሻ

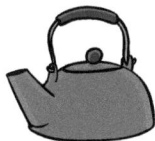

la bouilloire electrique

ማንቆርቆሪያ

le cuiseur vapeur

የእንፉሎት ማብሰያ

la plaque de cuisson

የመጋገሪያ ትሪ

la vaisselle

ሰብስቦች

le gobelet

ትልቅ ኩባያ

la coupe

ጎድጓዳ ሳህን

les baguettes

ቾፕስቲክስ

la louche

ጭልፋ

la spatule

መስቅሰቂያ ዝርጋ ማንኪያ

le fouet

ማደባለቂያ

la passoire

መወጠሪያ

le tamis

ወንፊት

la râpe

መ ር ሪያ መሳሪያ

le mortier

ሲሚንቶ

le barbecue

የፍም ጥብስ

la cheminée

የተለቀቀ እሳት

la planche à découper

መከተፊያ

le rouleau à pâtisserie

ተንሽራታች መርሬ

le tire-bouchon

የጠርሙስ መክፈቻ

la boîte

ጣሳ

l'ouvre-boîte

የጣሳ መክፈቻ

les maniques

የማሰሮ መሸፈኛ

le lavabo

ሳህን ማጠቢያ

la brosse

ብሩሽ

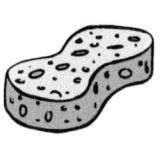

l'éponge

ስፖንጅ

le mixeur

መደባለቂያ መሳሪያ

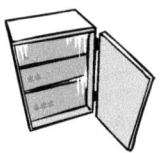

le congélateur

በጣም ማቀዝቀዣ

le biberon

ጡጦ

le robinet

ቧንቧ

la salle de bain

መታጠቢያ ቤት

la douche
መታጠቢያ
le chauffage
ማሞቂያ
la serviette
ፎጣ
le rideau de douche
የመታጠቢያ ቤት መጋረጃ
le bain moussant
የአረፋ መታጠቢያ
la baignoire
የመታጠቢያ ገንዳ
le verre
ብርጭቆ
la machine à laver
የልብስ ማጠቢያ
le robinet
ቧንቧ
le carrelage
ማዕዘን ወለል
le pot
ፖፖ
le lavabo
ሳህን ማጠቢያ

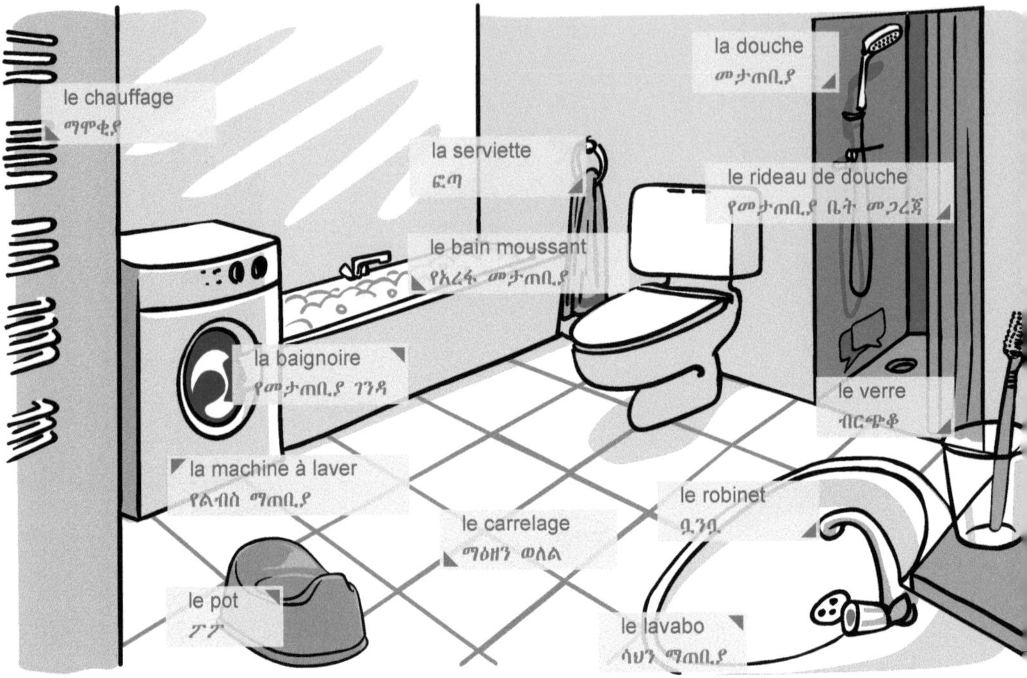

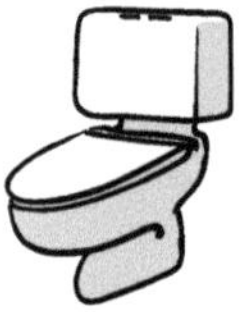

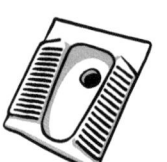

les toilettes

ሽንት ቤት

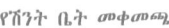

la toilette à la turque

የሽንት ቤት መቀመጫ

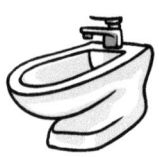

le bidet

ሳፋ

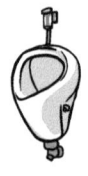

l'urinoir

የመንገድ ዳር መሽኛ

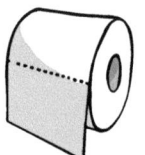

le papier toilette

የሽንት ቤት ወረቀት

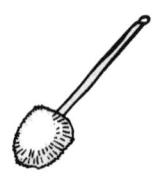

la brosse à toilette

የሽንት ቤት ማፅጃ ብሩሽ

la brosse à dents

የጥርስ ብሩሽ

le dentifrice

የጥርስ ሳሙና

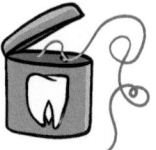

le fil dentaire

የጥርስ ማፅጃ ክር

laver

መታጠብ

la douche manuelle

የእጅ መታጠቢያ

la douche intime

መታጠቢያ

la vasque

ጎድጓዳ ሳህን

la brosse dorsale

የጀርባ ብሩሽ

le savon

ሳሙና

le gel douche

የመታጠቢያ የሚዝለገለግ ሳሙና

le shampooing

የፀጉር መታጠቢያ ሳሙና

le gant de toilette

ለሰላሳ ጨርቅ

l'écoulement

ፍሳሽ

la crème

ክሬም

le déodorant

ጠረን መቀየሪያ ንጥረ ነገር

le miroir

መስታወት

le miroir cosmétique

የእጅ መስታወት

le rasoir

ምላጭ

la mousse à raser

የመላጫ አረፋ

l'après-rasage

ከመላጨት በኋላ የሚቀባ ሽቱ

la peigne

ማበጠሪያ

la brosse

ብሩሽ

le sèche-cheveux

የፀጉር ማድረቂያ

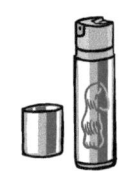

la laque pour cheveux

በፀጉር ላይ የሚነፋ

le fond de teint

የፊት መቀባቢያ

le rouge à lèvres

የከንፈር ቀለም

le vernis à ongles

የጥፍር ቀለም

l'ouate

የጥጥ ሱፍ

le coupe-ongles

ጥፍር መቁረጫ

le parfum

ሽቶ

la trousse de toilette

ማጠቢያ ባልዲ

le tabouret

መቀመጫ

le pèse-personne

ሚዛን

le peignoir

የመታጠቢያ ልብስ

les gants de nettoyage

የላስቲክ ጓንት

le tampon

ሞዴስ

les serviettes hygiéniques

የዕዳት ፎጣ

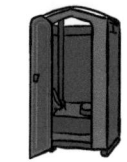

la toilette chimique

የሽንት ቤት ኬሚካል

la chambre d'enfant

የልጅ ክፍል

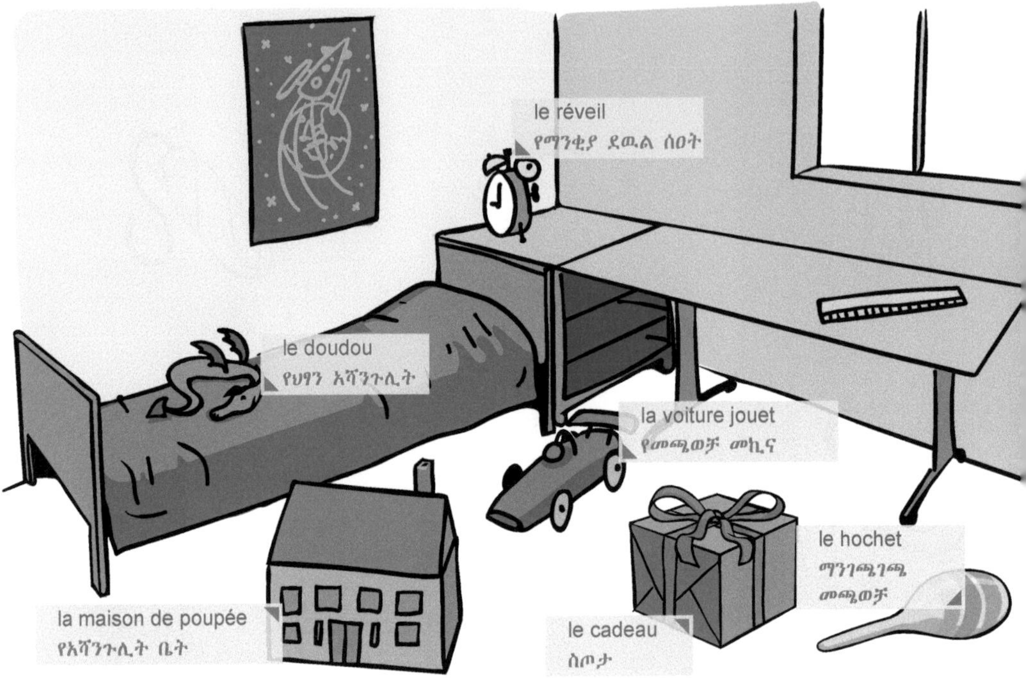

le réveil
የማንቂያ ደዉል ሰዓት

le doudou
የህፃን አሻንጉሊት

la voiture jouet
የመጫወቻ መኪና

le hochet
ማንገጫገጫ
መጫወቻ

la maison de poupée
የአሻንጉሊት ቤት

le cadeau
ስጦታ

le ballon

ፊኛ

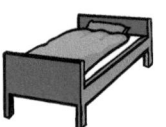

le lit

አልጋ

la poussette

የህፃን ማንሸራሸሪያ ጋሪ

le jeu de cartes

የካርታ መጫወቻ

le puzzle

ቁርጥራጭ ምስሎችን የማገጣጠም
እና ምስል የማግኘት ጨዋታ

la bande dessinée

አዝናኝ

les pièces lego

ተገጣጣሚ መጫወቻ

les blocs de construction

የመጫወቻ መገጣጠሚያዎች

la figurine

የድርጊት ምስል

la grenouillère

የህፃን እድገት

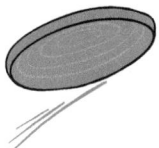

le frisbee

የፕላስቲክ መጫወቻ ዝርግ ሰሃን

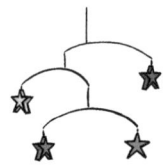

le mobile

ተወዛዋዥ የህፃን ማጫወቻ

le jeu de société

የሰሌዳ ጨዋታ

le dé

የመጫወቻ ጠጠር

le train miniature

የመጫወቻ ባቡር

la sucette

የእንጀራ እናት ጡጦ

la fête

ድግስ

le livre d'images

የስዕል መፅሀፍ

la balle

ኳስ

la poupée

አሻንጉሊት

jouer

መጫወት

le bac à sable

የአሸዋ መጫወቻ

la balançoire

ዥዋዥዌ

les jouets

መጫወቻዎች

la console de jeu

የቪዲዮ መጫወቻ

le tricycle

ባለ ሶስት ጎማ ብስክሌት

l'ours en peluche

የአሻንጉሊት ድብ

l'armoire

ቁምሳጥን

les vêtements

አልባሳት

les chaussettes

ካልሲዎች

les bas

ስቶኪንጎች

le collant

ታይት

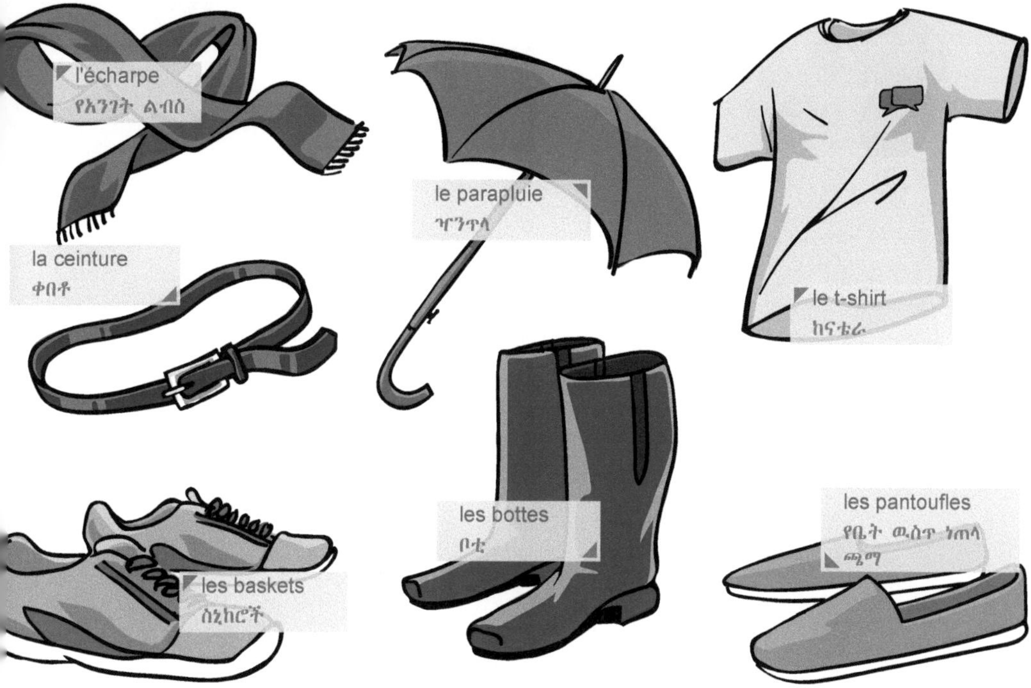

l'écharpe
የአንገት ልብስ

la ceinture
ቀበቶ

le parapluie
ዣንጥላ

le t-shirt
ከናቴራ

les baskets
ስኒከሮች

les bottes
ቦቲ

les pantoufles
የቤት ዉስጥ ነጠላ
ጫማ

les sandales
ነጠላ ጫማዎች

les chaussures
ጫማዎች

les bottes de caoutchouc
የዝናብ ቡትስ

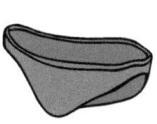

les sous-vêtements
ሙታንታ

le soutien-gorge
ጡት መያዣ

le maillot de corps
ሰደርያ

les vêtements - አልባሳት
45

le body

ሰዉነት

le pantalon

ሱሪዎች

le jean

ጅንስ

la jupe

ጉርድ ቀሚስ

le chemisier

ሸሚዝ

la chemise

ሸሚዝ

le pull

የሚጠለቅ ሹራብ

le sweat à capuche

ሹራብ

la veste

ዩኒፎርም ጃኬት

la veste

ጃኬት

le manteau

ኮት

l'imperméable

የዝናብ ኮት

le costume

ልብስ

la robe

ቀሚስ

la robe de mariée

የሙሽራ ቀሚስ

le costume

ሱፍ

la chemise de nuit

የለሊት ልብስ

le pyjama

የለሊት ልብስ

le sari

ረጅም ቀሚስ

le foulard

ሂጃብ

le turban

ጥምጣም

la burqa

ቡርቃ

le caftan

ሸርጥ

l'abaya

አባያ

le maillot de bain

የዋና ልብስ

le maillot de bain

አጭር ቁምጣ

le short

ቁምጣዎች

la tenue d'entraînement

የስራ ቱታ

le tablier

ሸርጥ

les gants

ጓንት

le bouton

ቁልፍ

les lunettes

መነፅር

le bracelet

አምባር

le collier

የአንገት ሀብል

la bague

ቀለበት

la boucle d'oreille

የጆሮ ጌጥ

le bonnet

ኮፍያ

le cintre

የኮት መስቀያ

le chapeau

ኮፍያ

la cravate

ክረባት

la fermeture éclair

ዚፕ

le casque

የብረት ቆብ

les bretelles

መደገፊያ

l'uniforme scolaire

የትምህርት ቤት የደንብ ልብስ

l'uniforme

የደንብ ልብስ

le bavoir
መሃረብ

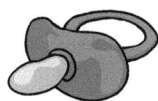

la sucette
የእንጀራ እናት ጡጦ

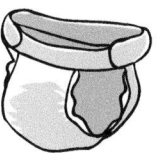

la lange
ሽንት ጨርቅ

le bureau

ቢሮ

le serveur
ማሰራጫ ጣቢያ

l'armoire d'archivage
የፋይል መደርደሪያ ካቢኔ

l'imprimante
የህትመት መሳሪያ

l'écran
መቆጣጠሪያ

le papier
ወረቀት

la souris
ማዉዝ

le bureau
መፃፊያ ጠረጴዛ

le classeur
ማህደር

le clavier
የመፃፊ ቁልፎች

la corbeille à papier
የቆሻሻ ወረቀት መጣያ ቅርጫት

l'ordinateur
ኮምፒዉተር

la chaise
ወንበር

la tasse de café
የቡና መጠጫ ትልቅ ኩባያ

la calculatrice
ማስሊያ ማሽን

l'internet
ኢንተርኔት

l'ordinateur portable

ላፕቶፕ

la lettre

ደብዳቤ

le message

መልዕክት

le portable

ተንቀሳቃሽ ስልክ

le réseau

የግንኙነት አዉታር

la photocopieuse

ማባዣ ማሽን

le logiciel

ሶፍትዌር

le téléphone

ስልክ

la prise

የግድግዳ ሶኬት

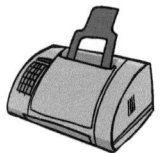

le fax

የፋክስ ማሽን

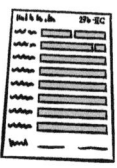

le formulaire

ቅፅ

le document

ሰነድ

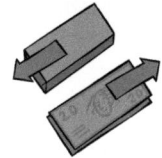

acheter

መግዛት

payer

መክፈል

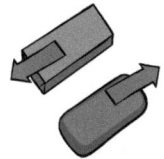

faire du commerce

መነገድ

la monnaie

ገንዘብ

le dollar

ዶላር

l'euro

ዩሮ

le yen

የን

le rouble

ሩብል

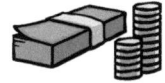

le franc suisse

የስዊዝ ፍራንክ

le renminbi yuan

ሬንሚንቢ ዩዋን

la roupie

ሩጲ

le distributeur automatique

የገንዘብ ነጣብ

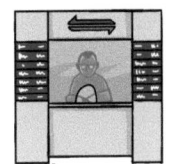

le bureau de change

የዉጭ ገንዘብ ምንዛሪ ቢሮ

l'or

ወርቅ

l'argent

ብር

le pétrole

ዘይት

l'énergie

ሀይል ፤ ጉልበት

le prix

ዋጋ

le contrat

ግንኙነት

la taxe

ቀረጥ

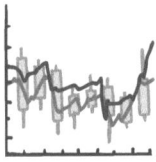

l'action

አክስዮን

travailler

መስራት

l'employé

ተቀጣሪ

l'employeur

ቀጣሪ

l'usine

ፋብሪካ

le magasin

ሱቅ

l'agent de police
የፖሊስ አዛዥ·

le pompier
የእሳት አደጋ ሰራተኛ

le cuisinier
ምግብ አብሳይ

le médecin
ዶክተር

le pilote
አብራሪ

le jardinier

አትክልተኛ

le menuisier

አናጢ

la couturière

ልብስ ሰፊ ሴት

le juge

ዳኛ

le chimiste

ቀማሚ

l'acteur

ተዋናይ

le conducteur de bus

የአዉቶቢስ ሹፌር

le chauffeur de taxi

የታክሲ ሹፌር

le pêcheur

አሳ አጥማጅ

la femme de ménage

ፅዳት ሰራተኛ

le couvreur

የጣሪያ ሰራተኛ

le serveur

አስተናጋጅ

le chasseur

አዳኝ

le peintre

ሰዓሊ

le boulanger

ጋጋሪ

l'électricien

የኤሌትሪክ ሰራተኛ

l'ouvrier

ገምቢ

l'ingénieur

መሃሃዲስ

le boucher

ልዃንዳ

le plombier

የቧንቧ ሰራተኛ

le facteur

የፖስታ ሰራተኛ

le soldat

ወታደር

l'architecte

መሃንዲስ

le caissier

የሒሳብ ሰራተኛ

le fleuriste

አበባ ሻጭ

le coiffeur

የፀጉር ሰራተኛ

le contrôleur

ቲኬት ቆራጭ

le mécanicien

መካኒክ

le capitaine

ካፒቴን

le dentiste

የጥርስ ሐኪም

le scientifique

ተመራማሪ

le rabbin

መምህር

l'imam

የሙስሊም ሃይማኖታዊ መሪ

le moine

መነኩሴ

le prêtre

ካህን

les outils

መሳሪያዎች

les pinces
ተቆላፊ ጉጠት
le marteau
መዶሻ
le tournevis
መፍቻ
la torche
ባትሪ
la clé
የመሳሪ መፍቻ

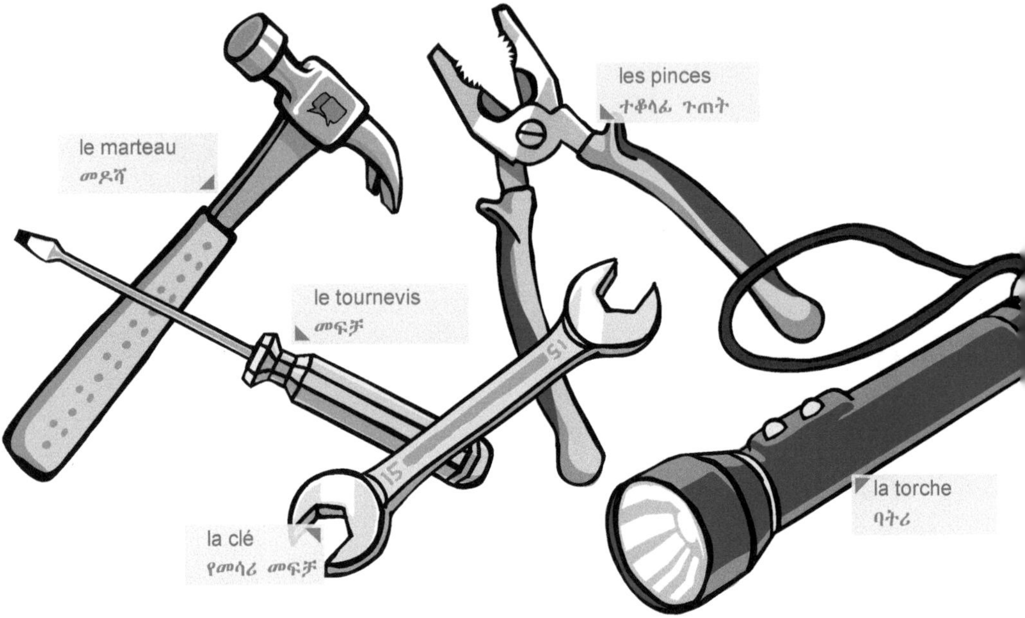

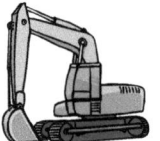

la pelleteuse

በቁፋሮ የሚዝቅ

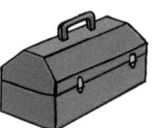

la boîte à outils

የመፍቻ ሳጥን

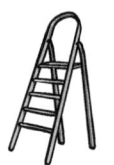

l'échelle

መሰላል

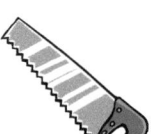

la scie

መጋዝ

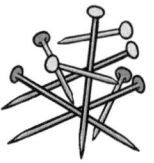

les clous

ምስማር

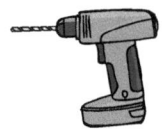

la perceuse

መሰርሰሪያ

réparer

መጠገን

la pelle

አካፋ

Mince !

የተረገመ!

la pelle

ቆሻሻ ማፈሻ

le pot de peinture

የቀለም ቆርቆሮ

les vis

ብሎን

les instruments de musique
የሙዚቃ መሳሪያዎች

le haut-parleurs
የድምፅ ማጉያ መሳሪያ

la batterie
የከበሮ መሳሪያዎች

la guitare
ክራር መሰል የሙዚቃ
መሳሪያ

la contrebasse
ድርብ ቤዝ ጊታር

la trompette
የትንፋሽ ሙዚቃ
መሳሪያ

le piano

ፒያኖ

le violon

ቫዮሊን

la basse

ወፍራም ፤ ጎርናና ድምፅ ያለዉ
ክራር መሰል ሙዚቃ መሳሪያ

les timbales

ነጋሪት

le tambour

ከበሮ

le piano électrique

በኤሌክትሪክ የሚሰራ ፒኖ

le saxophone

የትንፋሽ ሙዚቃ መሳሪያ

la flûte

ዋሽንት

le microphone

የድምፅ ማጉያ

le zoo

የደር እንስሳት ማቆያ

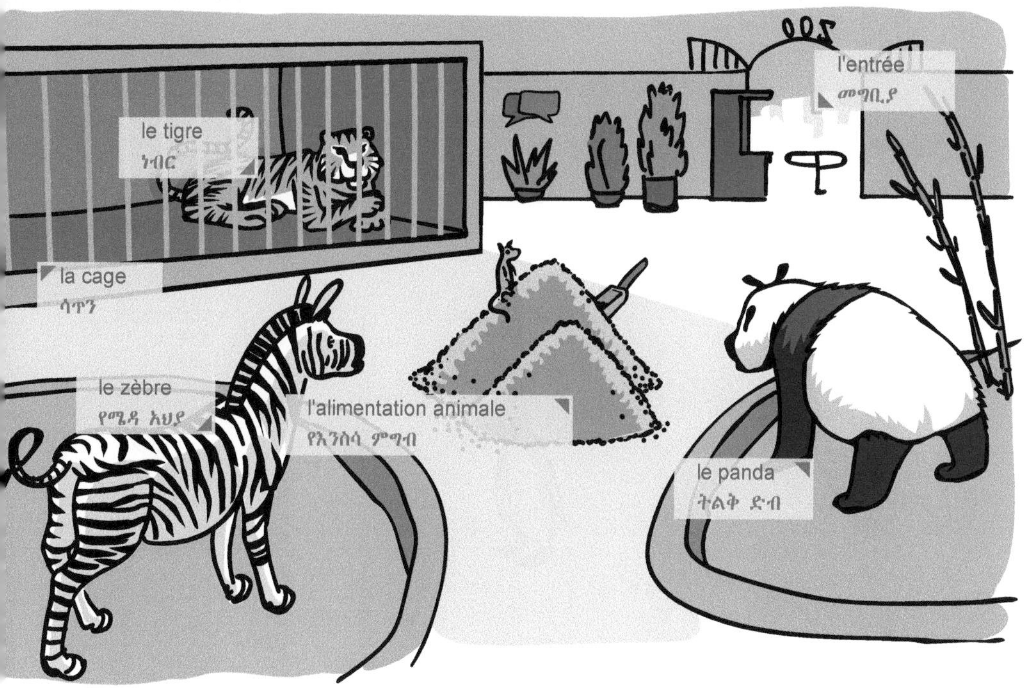

l'entrée
መግቢያ
le tigre
ነብር
la cage
ሳጥን
le zèbre
የሜዳ አህያ
l'alimentation animale
የእንስሳ ምግብ
le panda
ትልቅ ድብ

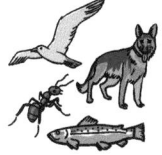

les animaux

እንስሳቶች

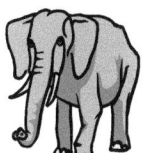

l'éléphant

ዝሆን

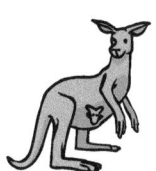

le kangourou

ካንጋሮ

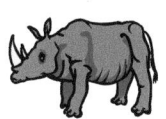

le rhinocéros

አዉራሪስ

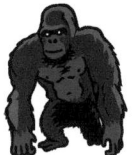

le gorille

ትልቅ ዝንጀሮ

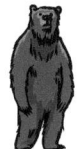

l'ours

ድብ

le chameau

ግመል

l'autruche

ሰጎን

le lion

አንበሳ

le singe

ጦጣ

le flamand rose

ቅልጥም ረዥም ወፍ

le perroquet

በቀቀን

l'ours polaire

የወዋልታ ድብ

le pingouin

የዋልታ ወፎች

le requin

ረጅም ጥርሶች ያሉትአሳ ነባሪ

le paon

ጣዎስ

le serpent

እባብ

le crocodile

አዞ

le gardien de zoo

የዱር አራዊት የሚጠበቁበት
ማቆያን የሚጠብቅ

le phoque

አሳ በሊታ የባህር እንሰሳ

le jaguar

የዱር ድመት

le poney

ድንክ ፈረስ

le léopard

ነብር

l'hippopotame

ጉማሬ

la girafe

ቀጭኔ

l'aigle

ንስር

le sanglier

ከርከሮ

le poisson

አሳ

la tortue

የባሕር ኤሊ

le morse

የባሕር አውሬ

le renard

ቀበሮ

la gazelle

የሜዳ ፍየል ፤ ሚዳቋ

l'american Football
የአሜሪካ እግርኳስ

le cyclisme
የብስክሌት ስፖርት

le tennis
ቴኒስ

le basket-ball
የቅርጫት ኳስ

la natation
ዋና

la boxe
የቡጢ ስፖርት

le hockey sur glace
የበረዶ ላይ የገና ጨዋታ

le football

እግር ኳስ

le badminton

የላባ ኳስ ጨዋታ

l'athlétisme

አትሌቲክስ

le handball

የእጅ ኳስ ስፖርት

le ski

የበረዶ መንሸራተት ስፖርት

le polo

ፈረስ ግልቢያ

les activités

እንቅስቃሴዎች

rire
መሳቅ
sauter
መዝለል
embrasser
ማቀፍ
marcher
መራመድ
chanter
መዘመር
rêver
ህልም ማለም
prier
መፀለይ
faire la bise
መሳም

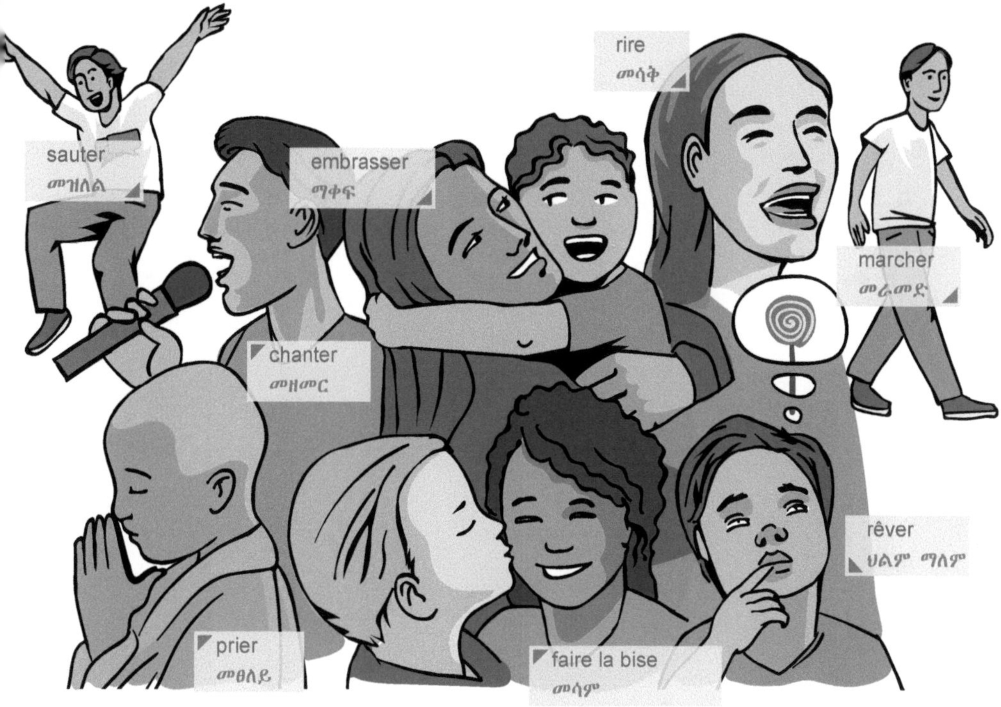

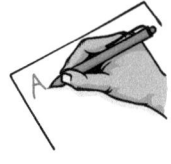

écrire

መፃፍ

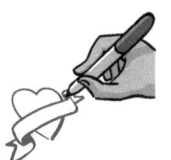

dessiner

መሳል

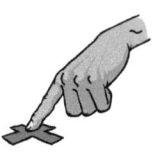

montrer

ማሳየት

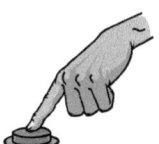

pousser

መግፋት

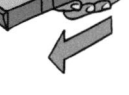

donner

መስጠት

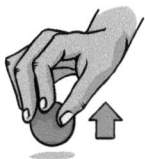

prendre

መዉሰድ

avoir

መያዝ

faire

ማድረግ

être

መሆን

être debout

መቆም

courir

መሮጥ

trier

መሳብ

jeter

መወርወር

tomber

መዉደቅ

être couché

መዋሸት

attendre

መጠበቅ

porter

መሸከም

être assis

መቀመጥ

s'habiller

መልበስ

dormir

መተኛት

se réveiller

መንቃት

regarder

መመልከት

pleurer

ማለቅስ

caresser

መጫር

peigner

ማበጠር

parler

ማዉራት

comprendre

መረዳት

demander

ጥያቄ

écouter

ማዳመጥ

boire

መጠጣት

manger

መብላት

ranger

ማንጋት

aimer

ማፍቀር

cuire

ምግብ ማብሰል

conduire

መንዳት

voler

መብረር

faire de la voile

መርከብ መንዳት

calculer

ቁጥሮችን ማስላት

lire

ማንበብ

apprendre

መማር

travailler

መስራት

se marier

ማግባት

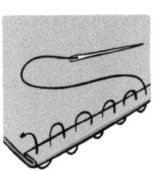

coudre

መስፋት

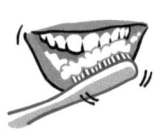

brosser les dents

ጥርስ መቦረሽ

tuer

መግደል

fumer

ማጨስ

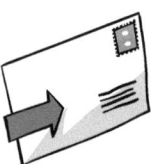

envoyer

መላክ

la famille

ቤተሰብ

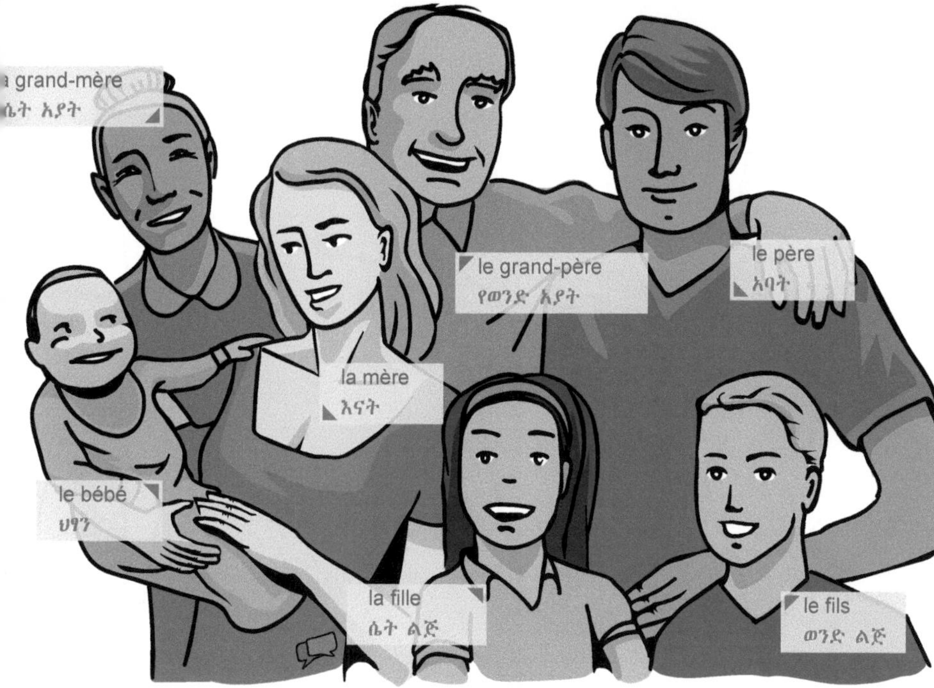
grand-mère
ሴት አያት
le grand-père
የወንድ አያት
le père
አባት
la mère
እናት
le bébé
ህፃን
la fille
ሴት ልጅ
le fils
ወንድ ልጅ

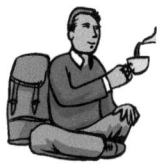

l'hôte

እንግዳ

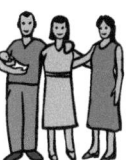

la tante

አክስት

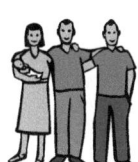

l'oncle

አጎት

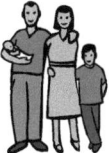

le frère

ወንድም

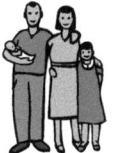

la sœur

እህት

le corps

አካል

le front
ግንባር
l'œil
አይን
l'épaule
ትከሻ
le doigt
ጣት
le visage
ፊት
le menton
አገጭ
la main
እጅ
la jambe
እግር
la poitrine
ጡት
le bras
ክንድ

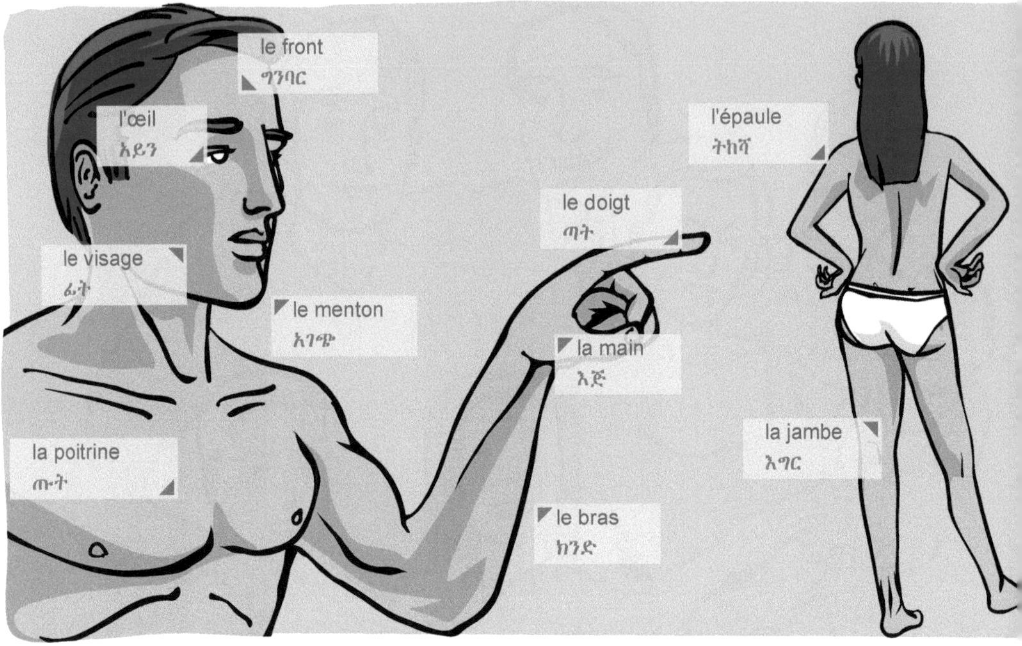

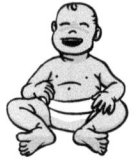

le bébé

ህፃን

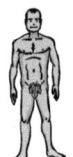

l'homme

ሰዉ

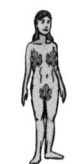

la femme

ሴት

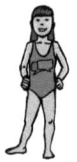

la fille

ልጃገረድ

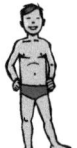

le garçon

ወንድ ልጅ

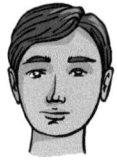

la tête

ራስ

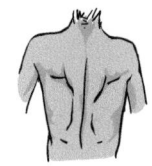

le dos

ጀርባ

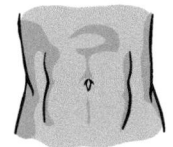

le ventre

ሆድ

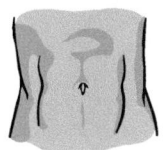

le nombril

እምብርት

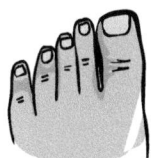

l'orteil

የእግር ጣት

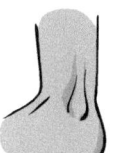

le talon

ተረከዝ

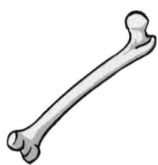

l'os

አጥንት

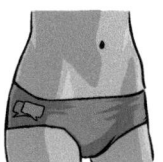

la hanche

ዳሌ

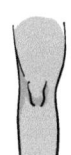

le genou

ጉልበት

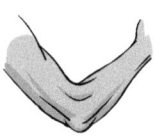

le coude

ክርን

le nez

አፍንጫ

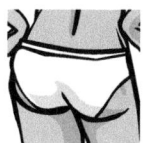

les fesses

ቂጥ

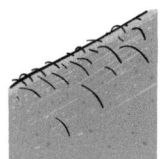

la peau

ቆዳ

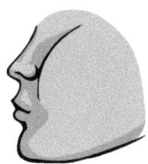

la joue

ጉንጭ

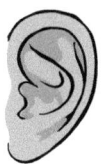

l'oreille

ጆሮ

la lèvre

ከንፈር

la bouche

አፍ

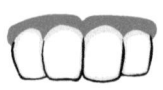

la dent

ጥርስ

la langue

ምላስ

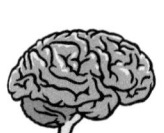

le cerveau

አንጎል

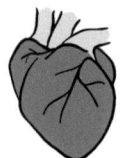

le cœur

ልብ

le muscle

ጡንቻ

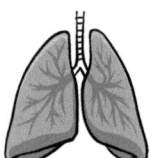

les poumons

ሳምባ

le foie

ጉበት

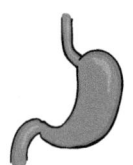

l'estomac

ሆድ

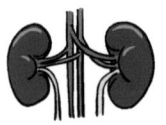

les reins

ኩላሊቶች

le rapport sexuel

የግብረስጋ ግንኙነት

le préservatif

ኮንዶም

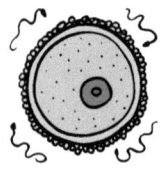

l'ovule

የሴት እንቁላል

le sperme

የዘር ፈሳሽ

la grossesse

እርግዝና

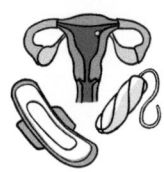

la menstruation

ወር አበባ

le vagin

እምስ

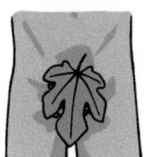

le pénis

ቁላ

le sourcil

ቅንድብ

les cheveux

ፀጉር

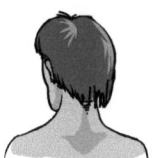

le cou

አንገት

l'hôpital

ሆስፒታል

l'hôpital
ሆስፒታል
l'ambulance
አምቡላንስ
le fauteuil roulant
ተሽከርካሪ ወንበር
la fracture
ስብራት

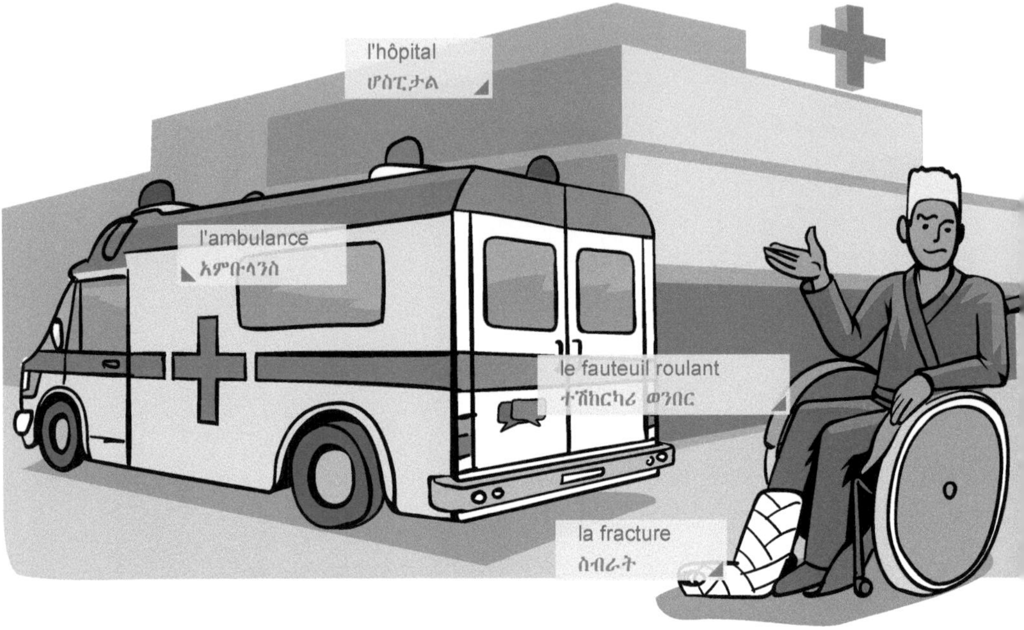

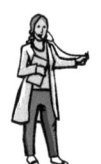

le médecin

ዶክተር

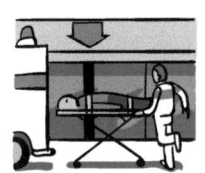

le service des urgences

ድንገተኛ ክፍል

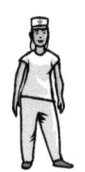

l'infirmière

ነርስ

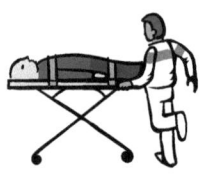

l'urgence

ድንገተኛ

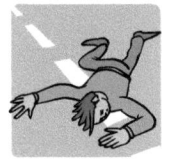

inconscient

ራስን መሳት/ አለማወቅ

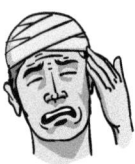

la douleur

ህመም

la blessure

ጉዳት

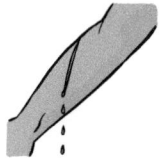

l'hémorragie

መድማት

la crise cardiaque

የልብ ድካም

l'attaque cérébrale

ስትሮክ

l'allergie

አለርጂ

la toux

ሳል

la fièvre

ትኩሳት

la grippe

ኢንፍሉዌንዛ

la diarrhée

ተቅማጥ

le mal de tête

የራስ ምታት

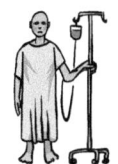

le cancer

ካንሰር

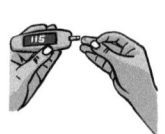

le diabète

የስኳር በሽታ

le chirurgien

ቀዶ ጠጋኝ ሐኪም

le scalpel

የቀዶ ጥገና ስለት

l'opération

ቀዶ ጥገና

le CT

ሲቲ

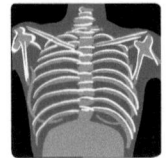

la radiographie

ኤክስሬዮ

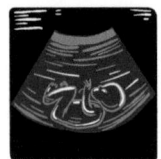

l'échographie

አልትራሳዉንድ

le masque

የፌት ጭምብል

la maladie

በሽታ

la salle d'attente

መጠበቂያ ክፍል

la béquille

ምርኩዝ

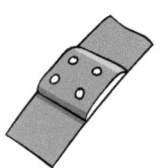

le pansement

የቁስል ማሽጊያ

le pansement

ፋሻ

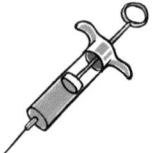

l'injection

መርፌ

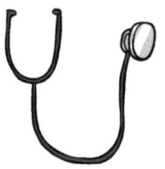

le stéthoscope

የልብ ምት ማዳመጫ መሳሪያ

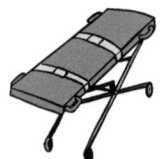

le brancard

የበሽተኛ አልጋ

le thermomètre

የህክምና ሙቀት መለኪያ መሳሪያ

l'accouchement

መውለድ

la surcharge pondérale

ከልክ ያለፈ ክብደት

l'appareil auditif

ለመስማት የሚረዳ መሳሪያ

le désinfectant

ፀረ ተባይ መድሀኒት

l'infection

ማመርቀዝ

le virus

ቫይረስ

le VIH / le sida

ኤች አይቪ ኤድስ

le médicament

ህክምና

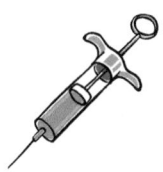

la vaccination

ክትባት

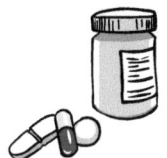

les comprimés

ኪኒን

la pilule

ኪኒን

l'appel d'urgence

አስቸኳይ የስልክ ጥሪ

le tensiomètre

ደም ግፊት መቆጣጠሪያ

malade / sain

ህመም/ ጤንነት

Au secours !

እርዳታ!

l'alarme

ማንቂያ ደዌል

l'assaut

ጥቃት

l'attaque

ድብደባ

le danger

አደጋ

la sortie de secours

የድንገተኛ መዉጫ

Au feu!

እሳት!

l'extincteur

እሳት ማጥፊያ

l'accident

አደጋ

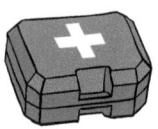

la trousse de premier
secours

የመጀመሪያ እርዳታ መድሃኒት
መያዣ

SOS

ነፍስ አድን

la police

ፖሊስ

l'Europe

አዉሮፓ

l'Amérique du Nord

ሰሜን አሜሪካ

l'Amérique du Sud

ደቡብ አሜሪካ

l'Afrique

አፍሪካ

l'Asie

እስያ

l'Australie

አዉስትራሊያ

l'Océan atlantique

አትላንቲክ

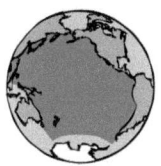

l'Océan pacifique

ፓስፊክ

l'Océan indien

የህንድ ዉቅያኖስ

l'Océan antarctique

አንታርክቲክ ዉቅያኖስ

l'Océan arctique

አርክቲክ ዉቅያኖስ

le Pôle nord

ሰሜን ዋልታ

le Pôle sud

ደቡብ ዋልታ

l'Antarctique

አንታርክቲካ

la terre

ምድር

le pays

መሬት

la mer

ባህር

l'île

ደሴት

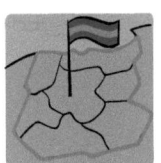

la nation

አገርና ህዝብ

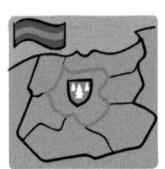

l'état

መንግስት

le cadran

የሰዓት ገፅታ

l'aiguille des heures

ሰዓት

l'aiguille des minutes

ደቂቃ

l'aiguille des secondes

ሴኮንድ

Quelle heure est-il ?

ስንት ሰዓት ነው?

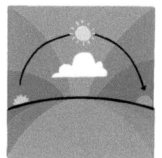

le jour

ቀን

le temps

ጊዜ

maintenant

አሁን

la montre digitale

የቁጥር ሰዓት

la minute

ደቂቃ

l'heure

ሰዓታት

lundi	mercredi	vendredi
ሰኞ	ረቡዕ	ኣርብ
mardi	samedi	
ማክሰኞ	ቅዳሜ	
	jeudi	dimanche
	ሐሙስ	እሁድ

hier	aujourd'hui	demain
ትላንት	ዛሬ	ነገ

le matin	le midi	le soir
ማለዳ	ቀትር	ምሽት

les jours ouvrables	le week-end
የስራ ቀናት	የዕረፍት ቀናት

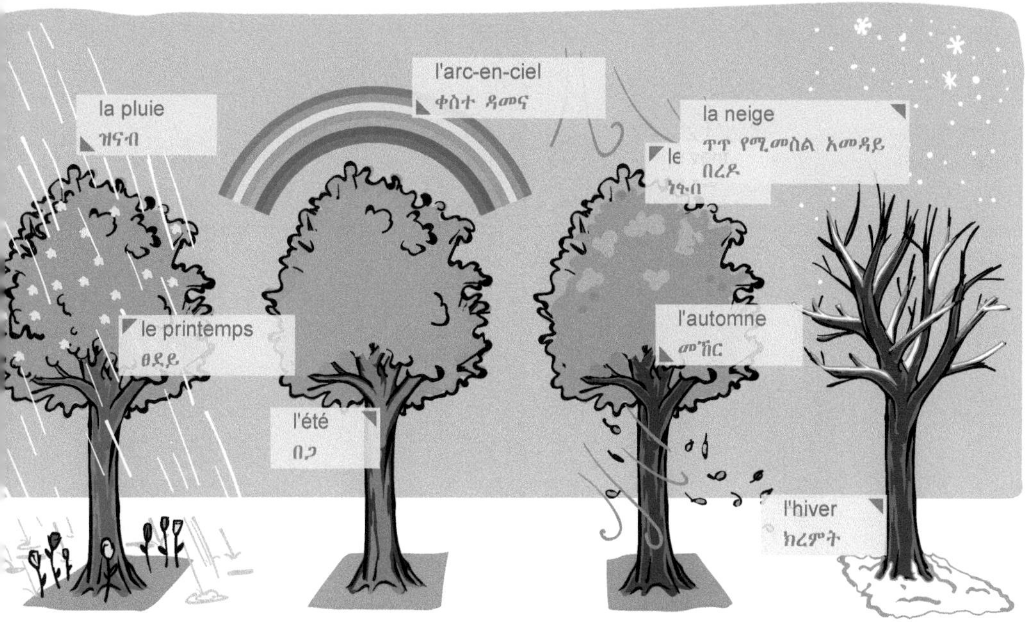

la pluie
ዝናብ

l'arc-en-ciel
ቀስተ ዳመና

la neige
ጥጥ የሚመስል አመዳይ
በረዶ

le ...
ንፋስ

le printemps
ፀደይ

l'été
በጋ

l'automne
መኸር

l'hiver
ክረምት

4.APRIL	11°	☀
5.APRIL	4°	☁
6.APRIL	13°	☂
7.APRIL	8°	❄
8.APRIL	10°	☀

la météo

የአየር ሁኔታ ትንበያ

le thermomètre

የሙቀት መለኪያ

la lumière du soleil

የፀሀይ ሙቀት

le nuage

ደመና

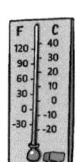

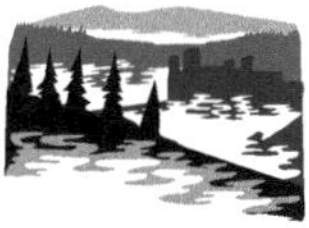

le brouillard

ጭጋግ

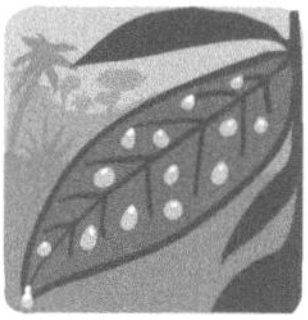

l'humidité

እርጥበታማነት

la foudre

መብረቅ

la tonnerre

ነጎድጓድ

la tempête

አዉሎ ንፋስ

la grêle

የበረዶ ዝናብ

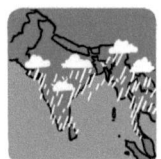

la mousson

አዉሎ ንፋስ

l'inondation

ጎርፍ

la glace

በረዶ

janvier

ጥር

février

የካቲት

mars

መጋቢት

avril

ሚያዚያ

mai

ግንቦት

juin

ሰኔ

juillet

ሐምሌ

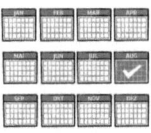

août

ነሀሴ

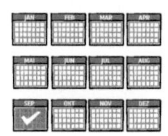

septembre

መስከረም

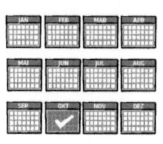

octobre

ጥቅምት

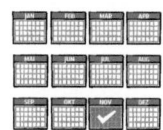

novembre

ህዳር

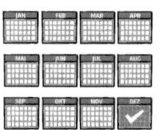

décembre

ታህሳስ

les formes
ቅርዮች

le cercle

ክብ

le carré

አራት ማዕዘን

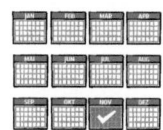

le rectangle

አራት ቀጥተኛ ማዕዘኖች ኖሮች
ያሉት ቅርፅ

le triangle

ሶስት ማዕዘን

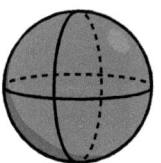

la sphère

ሉል

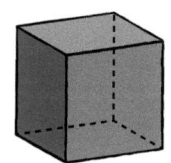

le cube

ስድስት ጎን ያለዉ ቅርፅ

blanc

ነጭ

jaune

ቢጫ

orange

ብርቱካናማ

rose

ሮዝ

rouge

ቀይ

violet

ወይን ጠጉር

bleu

ሰማያዊ

vert

አረንጓዴ

marron

ቡኒ

gris

ግራጫ

noir

ጥቁር

beaucoup / peu

ብዙ/ ጥቂት

fâché / calme

ንዴት/ እርጋታ

joli / laid

ቆንጆ/ አስቀያሚ

le début / la fin

ጅማሬ/ ፍፃሜ

grand / petit

ትልቅ/ ትንሽ

clair / obscure

ደማቅ/ ደብዛዛ

frère / soeur

ወንድም/ እህት

propre / sale

ንፁህ/ ቆሻሻ

complet / incomplet

የተሟላ/ ያልተሟላ

le jour / la nuit

ቀን/ ምሽት

mort / vivant

የሞተ/ ህያዉ

large / étroit

ሰፊ/ ጠባብ

comestible / incomestible

የሚበላ/ የማይበላ

méchant / gentil

ክፉ/ ደግ

excité / ennuyé

ደስተኛ/ ድብርተኛ

gros / mince

ወፍራም/ ቀጭን

le premier / le dernier

መጀመርያ/ መጨረሻ

l'ami / l'ennemi

ጓደኛ/ ጠላት

plein / vide

ሙሉ/ ጎዶሎ

dur / souple

ጠንካራ/ ለስላሳ

lourd / léger

ከባድ/ ቀላል

faim / soif

ረሃብ/ ጥማት

malade / sain

ህመም/ ጤንነት

illégal / légal

ህገወጥ/ ህጋዊ

intelligent / stupide

ጎበዝ/ ደደብ

gauche / droite

ግራ/ ቀኝ

proche / loin

ቅርብ/ ሩቅ

nouveau / usé

አዲስ/ አሮጌ

rien / quelque chose

ምንም/ የሆነ ነገር

vieux / jeune

ሽማግሌ/ ወጣት

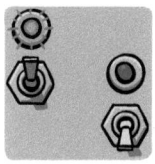

marche / arrêt

የበራ/ የጠፋ

ouvert / fermé

ክፍት/ ዝግ

faible / fort

ፀጥታ/ ጫጫታ

riche / pauvre

ሃብታም/ ደሃ

correct / incorrect

ትክክለኛ/ የተሳሳተ

rugueux / lisse

ሻካራ/ ለስላሳ

triste / heureux

ሐዘን/ ደስታ

court / long

አጭር/ ረዥም

lent / rapide

ዝግተኛ/ ፈጣን

mouillé / sec

እርጥብ/ ደረቅ

chaud / froid

ሞቃት/ ቀዝቃዛ

la guerre / la paix

ጦርነት/ ሰላም

0

zéro

ዜሮ

1

un / une

አንድ

2

deux

ሁለት

3

trois

ሶስት

4

quatre

አራት

5

cinq

አምስት

6

six

ስድስት

7

sept

ሰባት

8

huit

ስምንት

9

neuf

ዘጠኝ

10

dix

አስር

11

onze

አስራ አንድ

12

douze

አስራ ሁለት

13

treize

አስራ ሶስት

14

quatorze

አስራ አራት

15

quinze

አስራ አምስት

16

seize

አስራ ስድስት

17

dix-sept

አስራ ሰባት

18

dix-huit

አስራ ሰስምንት

19

dix-neuf

አስራ ዘጠኝ

20

vingt

ሃያ

100

cent

መቶ

1.000

mille

ሺህ

1.000.000

le million

ሚሊዮን

l'anglais

....

እንግሊዝኛ

l'anglais américain

....

የአሜሪካ እንግሊዝኛ

le chinois mandarin

....

የቻይና ማንዳሪን

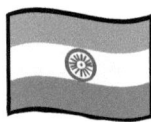

le hindi

....

ሂንዱ

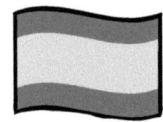

l'espagnol

....

ስፓኒሽ

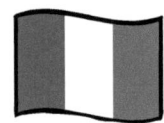

le français

....

ፍሬንች

l'arabe

....

አረብኛ

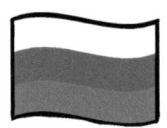

le russe

....

ራሺያኛ

le portugais

....

ፖርቹጊዝ

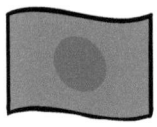

le bengali

....

ቢንጋሊ

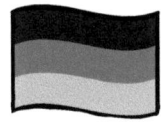

l'allemand

....

ጀርመን

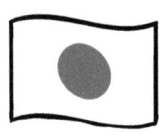

le japonais

....

ጃፓንኛ

je

እኔ

tu

አንተ

il / elle / ce, c', cela

እሱ/ እርሷ/ እቃዉ

nous

እኛ

vous

አንተ

ils / elles

እነርሱ

Qui ?

ማን?

Quoi ?

ምን?

Comment ?

እንዴት?

Où ?

የት?

Quand ?

መቼ?

le nom

ስም

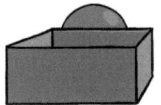

derrière

በስተጀርባ

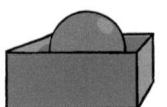

dans

ዉስጥ

devant

ከፊት ለፊት

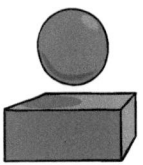

au-dessus

ከላይ

sur

ላይ

en-dessous

ከስር

à côté de

አጠገብ

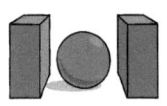

entre

መሃከል

le lieu

ቦታ